1923
～関東大震災と阪神間～

海老良平・坂倉孝雄・森元伸枝 編著

目次

はしがき

坂倉 孝雄

この本の主題は、大正一二年（一九二三）の発生から今年で一〇〇年を迎える関東大震災と阪神間地域との関わりである。相模湾沖を震源とする大地震は、土曜日の昼に起こった。地震による揺れの大きさもさることながら、昼食のために火を使う時間帯であったことと、当時の木造建築ともあいまって、首都圏の広い地域が灰燼に帰し、物的にもそして心理的にも大きなショックを与えた。

そしてそのショックは被災地から遠く離れた阪神地域にも伝わった。

この本は、専門分野を異にする様々な研究者の視点から、未曾有の大災害が阪神間地域にもたらしたものについて語った物語集である。

大正年間はわずか一五年でありながら、日本史の中でもすぐれてドラマチックな時代のひとつだといえるだろう。国際的には帝国主義の時代がピークを迎えようとし、国家間の覇権争いはついに世界大戦をひき起こすに至る。日本は、というと開国以来西洋文明を社会に取り込み、経済力もつけながら日清・日露戦争をどうにかくぐり抜けたかと思えば、世界大戦にも日英同盟を口実に参戦し、戦後は国際連盟において常任理事国にまでなった。しかし一方で世界大戦は国内経済に大戦景気とその後の戦後不況という極端な揺り戻しをもたらした。また日露戦争の戦後処理に対する不満の表れでもあった日比谷焼き討ち事件のような混乱もあり、大衆・民衆の意識もまた急速に高まった時代で、憲政運動やデモクラシー運動も興隆するのである。

国家間の戦争だけでなく、政治、経済、そして市井の民衆運動と実に様々なエネルギーが噴出し、衝突し合ったこの時代、文化面においても西洋のモダンな文化や思想と、和の伝統とを融合した新しい文化が生まれる。のちの時代に大正ロマンとも呼ばれるこの文化は、当時東洋有数の港となっていた神戸港、そして阪神間地域からまさに創出・発信されていくのであった。

大局的に見て、大正期のこうした大きな流れが関東大震災によって押し止められたり、曲げられたりした、と著者たちは考えていない。この本の知的な旅は、そうした「その後の阪神間のかたちを決めた要因」としての関東大震災を探るものではない。そうではなく、重なり合った歴史のドラマの中から、関東大震災にまつわる物語をひとつひとつ浮かび上がらせることが目的である。

この際のキーコンセプトは、「小さな歴史の積み重ね」だといえる。都市圏まるごとを一挙に被災させるほどの自然の猛威の前に、人々は自分自身にできることをただ行った。ある者は居を変え、ある者は職を変え、またある者は他の誰かと手を携えた。そして生きる喜びを見出していった。こうした営為は何も関東大震災の後にだけあったのではない。人々は震災の前からも、そして震災の後もそうして社会を営み文化を生み出してきた。その積み重ねが時に衆目を集める形に結実したり、あるいは後の世に改めて見出されたりしてきたのである。

著者らはそうした連なりの一端を、関東大震災へと続く物語として、あるいは関東大震災から始まる物語としてもう一度紡ぎ、そして語ろうとした。

その構成は次のとおりである。第一章では、物語全体のイントロダクションとして、震災報道の今昔を眺める。今でこそTV画面や携帯端末に速報が表示されるが、そのようなインフラもツールもない当時、阪神間地域ではどのように震災は伝えられ、そして受け止められたのだろうか。

第二章からは各論である。まず第二章では関東大震災と外国人コミュニティの動きである。当時の外国人社会に自治会的な機能を持つ組織が存在したわけではなかったが、多種多様な教会や団体のコミュニティがあった。それらが震災直後から、横浜・東京の外国人コミュニティの被災者を支援することを目的に集まり、委員会を形成し、物資の収集や輸送などいくつもの部会（チーム）が活動していたことを明らかにする。

第三章は、文化の交流点となる神戸港の隆盛の物語を、当時の主要産業である生糸に注目しながら説き起こす。関東大震災は、それまでの生糸取引の拠点であった横浜港に甚大な被害を与えた。このため神戸港が輸出港を代替することになるのだが、それは関西の関係者にとっての悲願でもあった。そしてその交代劇は決して自然任せの偶然の出来事ではなかった。そこに至る相応の前史を紐解いていく。

第四章は、関東大震災と建築についてである。震災の強烈なインパクトは、阪神間地域においても建物の耐震化、耐火化の推進を後押しした。その新たなトレンドが鉄筋コンクリート造である。建築家・設計者はコンクリートの持つ量塊性や可塑性を最大限に活かし、それがモダニズム建築推進の追い風となっていったのだった。

第五章からは阪神間モダニズムとの関連により迫っていく。まず第五章はスポーツ界への影響に焦点を当てながら論じていく。高校の三大人気スポーツ（野球、サッカー、ラグビー）大会はいずれも、箕面有馬電気軌道が経営する豊中運動場から出発するなど、阪神間モダニズムとの関わりが深い。これらスポーツ文化が関東大震災を経て最盛期を迎える様子を描き出す。

第六章は、関東大震災と阪神間の洋菓子文化との関係である。第二章のリサーチで、ユーハイム夫妻が娘とともに神戸へ避難してきたことが述べられるが、ユーハイムをはじめ、いくつかの洋菓子店・職人がこの時代に神戸に基盤を築いたことが、その後の阪神間地域のシンボリックな洋菓子やカフェの文化形成に大きな影響を与えたことは疑う余地がない。しかしそれは単に震災があったから、という理由にとどまらず、良い材料の調達などそれまでの流れがあったからこそ根付いてきたのである。

そして最終章である第七章は、関東大震災と阪神間の郊外娯楽、とくに宝塚の宝塚歌劇についてである。宝塚の大劇場は計画途上に大震災を迎え、震災後に竣工、公演が開始される。それは首都圏の娯楽のメッカが震災で焼失してしまうのと鮮やかな対を為すかのようであり、また実際に映画の分野では、東京の撮影所に関わる人材が震災により流出し、その受け皿となった甲陽園の遊園地もあった。そこに至る娯楽の発展と文化蓄積の過程を辿る。

これらの物語はいずれも何らかの形で現代の私たちと大なり小なり関わりを持つものばかりである。どうか気分の向く話題から、気楽に楽しんでいただけることを著者一同願っている。

第一章

震災報道の進化
～一〇〇年前、四〇年前、そして現在～

田辺眞人

歴史の中で幾度も大小の震災を経験しながら、現在の日本人一般が身近な問題として震災を認識し始めたきっかけは、小松左京の『日本沈没』の出版であろう。同書の発行と同名の映画製作は昭和四八年（一九七三）だから、ちょうど五〇年前のことであった。同書によって、マントル対流が生み出すプレート移動と、そのプレートの合わさり目としての日本海溝、トラフ周辺で地震が発生するメカニズムは日本人の一般教養になったと言ってよいだろう。それから五〇年、地震発生から数分で地震速報が全国に放送され、あまつさえ予知のアラームが発出される現状である。

『日本沈没』から約一〇年後に、兵庫県で一つの地震があった。

昭和五九年（一九八四）五月三〇日、兵庫県西南部を震源地とする地震があった。最初の震動が朝の九時四〇分ごろだったが、一〇時のニュースでテレビやラジオは、震源は山崎断層の地下で、姫路では震度四、神戸などでは震度三と、全国に報道した。その間およそ二〇分である。

当時、この速報に接した私は、情報伝達の速さに驚いた。それは、それより六〇年前の関東大震災の情報が関西圏に伝わるまでの時間と人々の努力を知っていたからである。

大正一二年（一九二三）九月一日のその地震はマグニチュード七・九（東京）。一〇万四〇〇〇人の死者・行方不明者を出し、重軽傷者は一五万七〇〇〇人。五七万戸の家屋が全焼して被害総額は五五億円。大正一〇年（一九二二）度の年間国家支出が一二億円だったから、この未曽有の災害の規模が推察されよう。午前一一時五九分という地震の時刻は昼食の直前である。食事のしたくのためにかまどで火を使っていた家庭も多く、江戸時代以来の木と紙でできた大都会東京は地震以上に火災の痛撃をうけた。死者のうちの六七%が焼死だったことからも、そのことがうかがえる。

東京放送局のラジオ放送開始が二年後の大正一四年（一九二五）の三月、もちろんテレビも無い。関西では震災のニュースはひとえに新聞にたよっていた。しかし、在阪の新聞各社も東京での正確な被災状況はなかなかつかめなかった。まとまった情報が入らなかったのである。

地震の翌日の九月二日付『大阪朝日新聞　朝刊』が、その間の事情を教えてくれる。一面トップに「関東の天変地異　帝都の混乱言語に絶す　本社が殆《ほとん》ど全滅せる通信機関の間を縫うて凡《あら》ゆる方法により辛うじて蒐集したる各種の情報を綜合すれば……横浜・東京方面の惨害は想像の外にして……関西各地より打電せる無線電信も東京

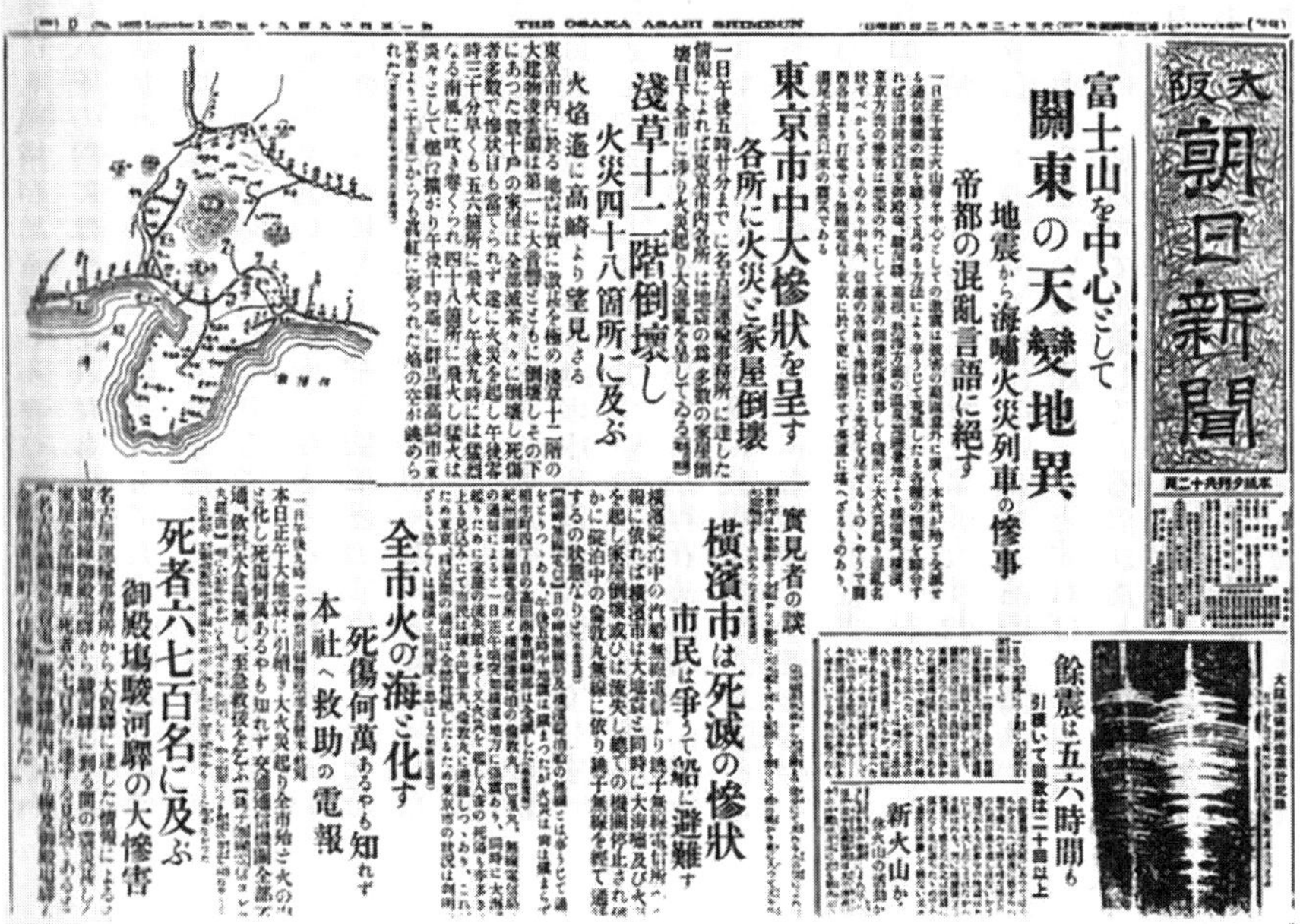

THE OSAKA ASAHI SHIMBUN

大阪朝日新聞

富士山を中心として
關東の天變地異
地震から海嘯火災列車の惨事
帝都の混亂言語に絶す

東京市中大慘狀を呈す
各所に火災と家屋倒壊

淺草十二階倒壊し
火災四十八箇所に及ぶ
火焔遙に高崎より望見さる

横濱市は死滅の慘狀
市民は争うて船に避難す
實見者の談

全市火の海と化す
死傷何萬あるやも知れず
本社へ救助の電報

死者六七百名に及ぶ
御殿塲駿河驛の大慘害

餘震は五六時間も
引続いて回数は二十回以上

新火山か

大正12年9月2日付

方面に於て更に応答せず（以下引用は同紙。漢字カナづかいは筆者が一部改変）」とある。

電信電話はすべて断絶し、「潮岬（電信所）等を利用して銚子（電信所）と通信しても東京方面の状況は銚子にも判らず……東京大阪間に電信があって以来……八時間も帝都の消息が不明になったことは……知らない」との大阪中央電信局第一課長の談話が載っている。軍の船橋無線電信所は当時、日に二回、広島県呉の鎮守府と定時通信を交わしていたが、それも不通となったため、舞鶴の軍港では「被害状況照会の無電を打ち放して海軍省内にある小無線電信による返信に一縷《る》の望みを嘱している。」

そのような状況の中で、新聞社に和歌山県串本から情報が入った。それによると、「横浜市は大地震と同時に大海嘯（つなみ）及び火災を起し……全ての機関停止され、僅かに碇泊中のロンドン丸無線に依り銚子無線（電信所）を経て通話する……東京横浜間の通信は全然杜絶したるため東京市の状況は判明せざる」という。つまり、唯一の情報源として横浜港からの船舶無線の通信が千葉県銚子の電信所に届き、銚子で増幅・打電された信号を和歌山県潮岬の電信所が受け、それを大阪へ電話で知らせたわけである。

このルートで、一日午後九時一分には神奈川県警察部長が大阪朝日新聞にあてた至急電報が届いた――本日正午大地震に引続き大火災起り全市ほとんど火の海と化し死傷者何万あるやも知れず、交通通信機関全部不通飲料水食糧無し至急救援を乞ふ。これは横浜港内のコレヤ丸から銚子・潮岬を経て届いた伝言である。

このほかに、大阪朝日新聞にはもう一つの情報ルートがあった。「熱海町にも強震家屋倒壊のため六〇〇人の死者を出したと、これは第一特急列車の通過した後線路工夫が一駅一駅を連絡して名古屋運輸事務所に斉《もた》らした情報である」とあるように、国鉄各駅を通じて、名古屋に集められた情報である。「一日午後五時二〇分までに名古屋運輸事務所に達した情報によれば東京市内各所は地震の為多数の家屋倒壊目下全市に渉り火災起り大混乱を呈し」、四谷・神田・下谷・浅草の四区は全滅との、名古屋からの電話を大阪朝日新聞が報道している。

なお、名古屋には「猛火は炎々として燃え拡がり午後一〇時遥に群馬県高崎市（東京から一〇〇㎞）からも真紅に彩られた焔の空が眺められた」との、長野・松本経由の高崎からの電報なども届いていた。

こうして地震当日、東京からの直接情報は伝わらず、多くの人の手を経て関西にもたらされた断片的情報が、翌朝の紙面を埋めている。交通も寸断され、東海道本線も沼津駅ではレールがみみずのように曲がったという。大阪から東京に行くにも、「北陸線を経て信越本線新潟行に乗車、新潟駅にて盤越西線に乗替え、若松を経て更に郡山駅にて東北本線に乗替え、宇都宮経由」で上野駅に至るしかなく、それには二日という時間を要した。東海道本線で静岡県江尻まで行き、清水港から船で東京に向かうのが最短の方法だが、朝日新聞社でも「その船が果して出るやら否やは不明である。」と報じている。

九月一日に、神戸では午前一一時五九分二六秒に震動があり、午後二時までに一二回の余震があったと記録されている。

その日はまた、死亡した加藤友三郎に代わって、山本権兵衛首相による組閣工作大づめの日だったから政権不在ともいえる状況だった。第二次山本内閣の成立は九月二日なのだが、ほぼ決った新閣僚の顔ぶれを、この朝の天声人語では「四日も五日も手間取ったにしては恐ろしくお粗末千万な代物ばかり……二流三流の末派内閣……折も折、地震騒ぎ……足下がぐら付きます」と、痛烈に批判している。

一〇〇年前の関東大震災、五〇年前の『日本沈没』、四〇年前の地震報道と現在を比較して考えるとき、情報伝達の飛躍的発展を痛感する。

著者紹介

田辺眞人（たなべまこと）兵庫県立兵庫津ミュージアム名誉館長・兵庫県阪神シニアカレッジ学長・園田学園女子大学名誉教授。兵庫県史編纂委員・三田市文化財保護審議会委員などを兼ねる。その間、宝塚市教育委員長や神戸学院大学客員教授など歴任。兵庫県文化賞・神戸市文化賞・宝塚市市民文化賞・放送文化基金賞などを受賞。著、共著書に『神戸の伝説』『神戸かいわい歴史を歩く』『宝塚・伊丹・川西・猪名川の今昔』『宝塚市大事典』などがある。

コラム

西洋史を専攻していた関学大の学生時代に身近な神戸の歴史を知らなかったことに衝撃を受け、落合重信先生に師事して地域史研究を始め、名生昭雄先生から民俗調査を学びました。バルモアで英語を学んでいたこともあって、ニュージーランド国立マッセイ大学の日本学センター設立に参加、同大学で日本学や日本語を教え、日本ニュージーランド交流史を研究。同国への最初期の日本人移住者とその子孫、太平洋戦争中の民間日系人の拘留や軍人捕虜の蜂起事件、ヴェルヌの『十五少年漂流記』舞台の島などの新発見をしました。

1991年の帰国後は、ニュージーランド学会の創立、副会長として同国研究を支える一方、兵庫・神戸の地域史研究を続け、著作のほかにラジオ関西「田辺眞人のまっこと!ラジオ」やNHKテレビ「新兵庫史を歩く」などでその成果を発信、いなみ野学園や阪神シニアカレッジ、公民館など生涯学習の場で地域の歴史や比較文化論を県民・市民に伝える努力をしています。その一環として宝塚市文化財団の宝塚学検定や三田市の三田ビール検定を監修し、今年度からは兵庫津ミュージアム主催で「兵庫学検定」を始めます。たくさんの方々のご受検をお待ちしています。

第二章

関東大震災と神戸の外国人コミュニティ

谷口義子

はじめに

大正一二年（一九二三）九月一日、関東大震災（大正関東地震）が発生した。同日付の「大阪朝日新聞」号外第一報によると、地震発生時には大阪でも「激しい地震があり悲鳴を挙げて戸外へ飛出したものもあった」ほどの大きな揺れが認められた。しかし、被災地の電信電話は「東京、静岡、横浜、浜松、札幌への直通線も金沢その他の方面からの迂回線も東京へは通ぜず」[1]であったから、東京や横浜の惨状が神戸・大阪まで届くのにやや時間を要した。

翌二日は日曜日であったが、神戸市長は未曾有の大災害を重くみて、市参事会を緊急招集している。被災地や被害の状況については、なお十分に把握できていなかったと推察されるが、神戸市は早々に東京と横浜の両市へ一〇万円の義援金支出を決定した。[2]また、三日には兵庫県知事・神戸市長・神戸商業会議所会頭らが「救援団」を組織し、新聞公告で企業や市民に寄付金および物資の提供を呼びかけている。[3]船による救援活動では、日本郵船の山城丸が支援物資を載せ、横浜へ向けて二日に出港した。[4]同船は五日に横浜で避難者六〇〇人余りを乗船させ、翌日神戸に帰港している。貿易商の鈴木商店は、九月四日付「神戸又新日報」に「震災地救援船発航ニ付急告」との広告を出している。その内容は、同日正午に汽船の華山丸を横浜に向けて出港するので、被災地へ行きたい人は無料で同乗可能、という呼びかけであった。

このような行政や経済界の動きとは別に、神戸在住外国人たちは自発的かつ自立的な多国籍の救援グループを立ち上げた。関東大震災の被災者の中には、彼らの家族・同僚・友人・同国人がいたからである。一刻も早く救援の手を差し伸べたいという共通の思いに端を発して、在住外国人は文字通りの共助による救援活動に尽力したのであった。

当時、神戸で発行されていた英字新聞「ジャパン・クロニクル：The Japan Chronicle」は、災害報道とともに神戸在住外国人の救援活動を逐次的に伝えている。加えて、同年九月二四日には大震災関連の記事をまとめた記録集『The Great Earthquake』[5]を出版した。本稿では、これらの同時代資料のほか、神戸の地元紙や震災記録誌などを基礎資料として、外国人コミュニティによる救援活動を明らかにするとともに、大正後期の神戸外国人社会の様相について考察してみたい。

一．神戸在住外国人コミュニティ会議

九月三日午後、東遊園地の「神戸レガッタ・アンド・アスレチック倶楽部：Kobe Regatta & Athletic Club」（以後、KR&AC）体育館に多数の神戸在住外国人が集まった。KR&ACは明治三年（一八七〇）に創設された外国人のスポーツクラブ[6]で、集会場所となった体育館は同クラ

図1　KR & AC 体育館のホール（写真提供：谷口良平氏）

ブが建設したスポーツ施設である。平素はバドミントンや卓球、バスケットボールなどの室内競技に供用されたほか、広々とした空間は音楽の演奏会や演劇公演、パーティーなどの会場としても活用された。在住外国人にとっての公民館や公共ホールに相当する場所で、日本人は「遊園地劇場」とも呼んだ。

東遊園地の体育館にどれほどの人数が集まったのかは不明だが、『The Great Earthquake』は「神戸に事業所を置く外国企業の代表者の大半が参集した」と伝えている。この場合の「神戸在住外国人」とは欧米国籍の人々のことで、中国・アジア系の人々は含まれていない。『神戸港大観[7]』によると、大正一一年（一九二二）の神戸市在住外国人は約四六〇〇人で、このうち欧米国籍の人々は一三〇〇人ほどであった。

「ジャパン・クロニクル」はこの会議を「Meeting of the foreign community：外国人コミュニティ会議[8]」（本稿では以後、救援会議）と表記しているが、当時の神戸外国人社会に多国籍的な自治会的機能を持つ市民組織があったわけではない。神戸に外国人居留地が存在した三一年間（慶応四年（一八六八）から明治三二年（一八九九）まで）については、「大坂兵庫外国人居留地約定書」などを根拠として、外国人住民による自治組織の居留地会議（The Hyogo Municipal Council）が継続的に運営された。居留地会議は欧米諸国の領事と兵庫県知事と住民代表三人で構成され、多国籍住民による居留地のまちづくりが行われた。しかし、明治三二年（一八九九）の条約改正に際して日本政府が内地開放を受け入れたため、居留地そのものが消滅して居留地会議は解散した。

図2　東遊園地の一画にあったKR＆AC 体育館（写真：KR&AC 所蔵）

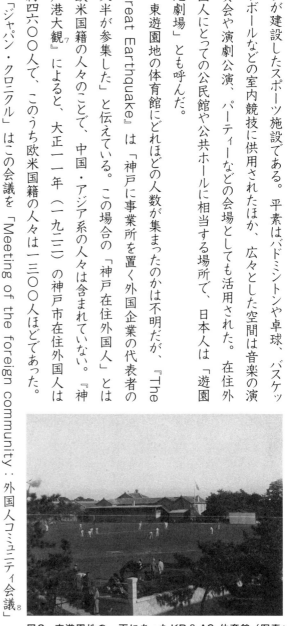

条約改正以後、神戸において在住外国人を包括的・横断的に取りまとめる組織は見当たらない。

一方で、神戸の外国人社会では多種多様な協会・団体・コミュニティが営々と続いてきた。大正一二年（一九二三）の神戸ディレクトリ（住所録）[9] には、同国・同郷人団体として神戸米国協会（American Association of Kobe）、日本英国協会（British Association of Japan）、神戸ポルトガル協会（Associcao Portugueza de Kobe）、インド・クラブ（The India Club）の名がみえる。スポーツクラブでは先述のKR&ACのほか、神戸クリケット倶楽部（Kobe Cricket Club）、神戸ゴルフ倶楽部（Kobe Golf Club）、神戸ホッケー倶楽部（Kobe Hockey Club）、神戸セーリング倶楽部（Kobe Sailing Club）があり、社交クラブでは英国系の神戸クラブ（Kobe Club）やドイツ系のクラブ・コンコルディア（Club Concordia）、スコットランド系のセント・アンドリュース協会（St. Andrew's Society）、英国系のセント・ジョージ王立協会神戸支部（Royal Society of St. George, Kobe Branch）があった。英国教会やカトリック教会、プロテスタント教会、YMCA、YWCA、フリーメーソンといった宗教団体も住民コミュニティのひとつと言えよう。加えて、明治三二年（一八九九）に居留地会議が解散した際に、在住外国人と兵庫県・神戸市との架け橋とすべく設立された国際委員会（International Committee）も存続している。また、ディレクトリには掲載されていないが、領事館を核としたドイツ人コミュニティやフランス人コミュニティなども存在しており、後者の場合、革命記念日（パリ祭）に祝賀パーティを催すなどの行事を行っている。

九月三日の救援会議は、関東大震災という緊急事態に直面した在住外国人が、国籍や所属に関係なく臨時的に立ち上げた市民活動の端緒であるが、その土壌には多様な外国人コミュニティ（住民グループ）が存在したことをまず指摘しておきたい。

救援会議の開催を呼びかけたのは、日本英国協会のステファン会長（R. F. Stephen）と神戸米国協会のバークリー副会長（J. F. Buckley）を中心とした在住外国人の有志である。ステファンはロンドンに本社を置く保険代理店ストラカン社（W. M. Strachan & Co., Ltd.）神戸支店の代表、バークリーは米国の船会社コロンビア・パシフィック・シッピング社（Columbia Pacific Shipping Co.）の代表である。

救援会議の冒頭、ステファンは会議の目的と外国人コミュニティへの提案を述べた。会議の目的は「姉妹港である横浜の外国人被災者に迅速な支援をすること」であった。

ところで、救援会議は九月三日、つまり震災の翌々日に開かれている。震災翌日の二日は日曜日であったから、キリスト教の安息日を避けたのであろうと推察されるが、神戸市をはじめとする日本側の動きと比較すれば、やや迅速さに欠けているようにみえる。しかし、実際は三日以前から支援の準備が着々と進められていた。救援会議以前の動きについてみていきたい。

二．ウエスト・オロワ号の派遣

救援会議の開催に先立って、九月三日午前中に日本英国協会や神戸米国協会の代表らが事前ミーティングを開いている。このとき神戸米国協会のバークリー副会長は、自社（コロンビア・パシフィック・シッピング社）が所有する蒸気船ウエスト・オロワ号（West O'Rowa）の運行提供を申し出ている。この船は三日朝に神戸港に到着したのだが、急きょ救援物資を積み込んで同日（三日）の午後六時に横浜港へ向けて出港することとなった。救援物資の調達や船への積み込み、クルーの手配、航海計画の作成などに要する時間を考慮すると、三日午前中の事前ミーティングに先行して、つまりはバークリー個人の判断で遅くとも二日には派遣準備が進められていたはずである。

救援船のウエスト・オロワ号には、被災地に届ける救援物資が積み込まれた。物資調達は救援会議を待つまでもなくバークリーらによって進められ、神戸に事業所を置く外国企業が提供を申し出ている。スタンダード石油会社（Standard Oil Co. of New York）は飲料水を運搬するための樽と五〇〇〇個の缶詰に加え、炊き出しを行うために屋外調理用の石油コンロと石油燃料を提供した。石油会社のライジング・サン社（The Rising Sun Petroleum Co., Ltd.）は三〇〇樽の飲料水を提供した。また、救援会議の前に集めた私的な寄付金を活用して、バークリーは一六〇〇円分の食料品を買い入れている。加えて、五〇〇〇円分の医薬品が準備された。

救援活動にあたって神戸在住外国人たちは、日本側との連携にも配慮をしている。領事団は救援会議の前に兵庫県知事と面談し、救援物資の供給目的と配布先が明記された書類の交付を受けている。物資の輸送については神戸税関長の許可を取得した。また、神戸市に対しては、ウエスト・オロワ号に日本人被災者への救援物資一〇万トン（数字は誤植の可能性がある）分の積載スペースを提供し、輸送を請け負った。

ウエスト・オロワ号には横浜で救援活動に従事するボランティアも同乗した。神戸米国協会のバークリー副会長を筆頭に、在住外国人の有志一〇人ほどが同船で横浜に入り、救援物資や医薬品の配布のほか、神戸に一時避難する被災者の乗船などを手伝った。救援ボランティアの派遣については、現地状況の把握も重要なミッションであったと推察される。

ウエスト・オロワ号の派遣については、九月四日付「神戸又新日報」に記事が出ている。

「在留外人社会は三日午後三時遊園地劇場に臨時大会を開き満場一致にて慰問委員団を横浜に急遣するこ

とに決した。幸ひ同日朝、上海より入港した米国コロムビア太平洋社貨物船ウエストオロアが在港したので英国副領事バスク、スミス氏[10]等烈国人代表者数名はオリエンタル、ホテルから仕入れたるバタ、チース、ハム、パン、葡萄酒、清涼飲料及び日用品雑貨約五十噸を同船に積み込み当日午後六時神戸出航横浜に急行した」

九月三日夜に神戸を出港したウエスト・オロワ号は、五日の正午ごろに横浜に錨を下ろした。横浜ではボランティアたちが救援物資の配布や情報収集活動に駆け回り、傷病者を含む避難者を満載して八日に神戸に帰港した。このときウエスト・オロワ号が運んだ避難者は欧米人が一五一人、中国人が一二三六人、日本人が三八人であった。

三．神戸外国人救援委員会の結成

九月三日の救援会議に戻る。

同会議の主要な議題は三点あった。第一の議題が、救援委員会（The Relief Committee）の発足である。救援委員会は救援活動を実施するための臨時的な市民組織として立ち上げられ、その構成員は委員会の趣旨に賛同する神戸在住外国人（神戸外国人コミュニティ）であった。今回の救援活動において広く支援を募るためには、既存の住民団体が対応するには限界があると判断され、既存の住民団体のいずれにも属さない委員会を新たに編成したのである。同委員会の本部は、海岸通六番のオリエンタル・ホテルに置かれた。

救援委員会の委員長に選ばれたのは、領事団長[11]でもあった英国総領事のフォースター（R. G. E. Forster）である。領事団は神戸の各国領事による任意的な集まりで、兵庫（神戸）開港のころに発足し、在住外国人と日本政府および兵庫県・神戸市との橋渡し役を担ってきた。例えば、明治三二年（一八九九）に新設された春日野墓地については、これが外交案件であったことから各国領事が連携して日本政府・兵庫県・神戸市と交渉し、課題解決にあたっている。関東大震災が発生したときも、各国住民を保護する立場から領事団は救援活動を模索しており、参加すべくして救援委員会に加わったといえる。フォースターは委員長に就任すると同時に、救援基金（寄付金）の受付責任者となり、救援活動に関する情報の集約も担当した。

委員に任命されたのは、ブリスター（J. F. Brister：チャイナ&ジャパン・トレーディング社）、ケント・クラーク（Kent Clark：オリエンタル・ホテル支配人）、カステリ（G. Castelli：所属不明）、ホルスタイン（C. Holstein：C. ホルスタイン社代表）、ステファン（日本英国協会会長）、トーマス（F. G. Thomas：ピーター・フレイザー社）、ヤング（D. M. Young：ジャパン・クロニクル社）、カサル（U. A. Casal：カサル東洋美術工芸品販売代表）、イートン（J. A. Eaton：ニューヨーク・スタンダード・オイル社支配人代理）、グッタース（Guterres：所属不明）、レイフ（R. Reiff：リチャード・レイフ社代表）、シック（M. Thieck：所属不明）、トロースデル（J. P. Trousdell：香港上海銀行会計代理）の一三人である。

救援委員会を核として、一〇チーム（部会）の実働部隊が編成され

図3　救援委員会の本部が置かれたオリエンタル・ホテル。中央右側の建物

た。各チームの担当分野は以下の通りである。医療チーム（代表C. E. L. Thomas：神戸万国病院理事のトーマス）、会計チーム（代表エ. Maxwell：貿易会社マックスウェル社代表およびデンマーク領事のマックスウェル）、救援物資チーム（代表：ケント・クラーク）、衣類チームおよび裁縫担当（代表：ブリスター）、自動車輸送支援チーム、宿舎チーム（代表：ステファン）、体育館チーム（代表：F. G. トーマス）、下船支援チーム（代表：フォースター）、名簿登録チーム（代表：ヤング）、衣類収集チーム（代表：ケント・クラーク夫人）。これらチームの活動を支えたのは、数多くの在住外国人ボランティアであった。

救援会議の第二の議題は、ウエスト・オロワ号の救援派遣をはじめとする先行事業の承認である。救援委員会が募金によって運営される以上、事業費の拠出は在住外国人らの承認が不可欠である。活動を立ち上げた人々は活動の実践のみならず、活動における意思決定のプロセスを重視していたことがうかがえる。会議の議長を務めたフォースターは参加者に「このような事業においては迅速性が重要である。ありがたいことに英国協会と米国協会の主要メンバーがこの案件を速やかに進めているところである。形式的ではあるが、救援委員会は彼らの行動が会議で承認されることを願っている」と語り、会議の参加者に向けて「拍手によって承認の意を示そう」と提案した。会場が大きな拍手で包まれたことは言うまでもない。

救援会議の第三の議題は、救援基金への寄付の呼びかけである。実情としては、最も重要な議題であったはずである。救援活動にどれほどの資金が必要か、会議の時点では見当もついていない。しかし、膨大な資金が必要であることは間違いなく、フォースターは会議参加者に「多くの仲間が家を失い、生活に必要なものが不足して困窮している」と語り、その場で寄付の申し込みが行われた。最初の寄付金はチャータード銀行（Charterd Bank）や香港上海銀行（Hongkong and Shanghai Bank）、ブルーナー・モンド社（Brunner, Mond & Co.）の各五〇〇〇円を筆頭に、事業所や個人が浄財を寄せて四万八七〇〇円が集まった。以後も寄付金は続々と集まり、『The Great Earthquake』によると救援基金の総額は同年九月一九日の時点で二六万八三三五円に達している。

寄付金は船の上からも集まった。九月三日に横浜に入港したエンプレス・オブ・カナダ号（The Empress of Canada）では、大震災の詳細を知った乗客が船上で集会を開いて寄付金を募った。このとき集まった一六〇〇ドルの金貨を乗客たちは神戸の救援委員会に託したことが記録されている。なお、エンプレス・オブ・カナダ号は大震災の発生により航海計画を変更し、横浜港で被災者を乗せて九月五日に神戸へ移送している。

救援会議の開催を受けて、神戸在住のドイツ人コミュニティはクラブ・コンコルディアで緊急集会を開き、全員一致で救援活動に協力することを決議している。医師を含む七人のドイツ人が、ウエスト・オロワ号による救援活動ボランティアへの参加を委嘱された。また、フランス人コミュニティも緊急集会を開いて、救援活動に加わることを決めた。参加者の大半が寄付金名簿に署名し、可能な限り多くの宿舎を避難者に提供しようと話し合っている。救援委員に任命されたフランス人のシックは、ラザラ・オンベルグ社（Lazzara, Homberg & Co.）の旧事務所の提供を申し出ている。ベッドやマットレスなど宿泊に必要な設備はないものの、旧事務所は二〇〇人が収容できる規模であった。

四．救援委員会のボランティアたち

九月三日の救援会議で神戸在住外国人コミュニティの合意と協力を得た救援委員会は、同日の深夜から避難者の受け入れを始めた。

震災当日、横浜港には国内外の船舶一〇〇隻ほどが錨を下ろしていた。地震による津波や埠頭の倒壊などで船体を損傷したものもあったが、航行可能な船舶は船長の判断あるいは船会社の指示により、国籍を問わず避難者を乗せて神戸や大阪、その他の港へ緊急移送している。船舶による被災者救援もまた自発的に始まったのである。

最初に神戸港へ入ったのはウエスト・プロスペクト号（The West Prospect）である。同船はマニラを出港して太平洋を横断する途中に水を積み込む目的で横浜へ寄港する計画であったが、一日（土曜日）の夜に海上から東京や横浜の大火災を目の当たりにした。次いで横浜港へ入り、多くの被災者の姿を見た。そこで、急きょ予定を変更して避難者を船に乗せ、神戸へ航行してきたのである。『The Great Earthquake』は、ウエスト・プロスペクト号の到着によって神戸の人々は被災者の実態を知ることになったと書いている。

「避難者は疲労困憊しており、衣服は破れ、数人はひどい怪我を負っていたにも関わらず、医師の手当も受けていなかった」

ウエスト・プロスペクト号以後、四日・五日にはドンゴラ号（The Dongola）やプレジデント・ジェファーソン号（President Jefferson）、エンプレス・オブ・カナダ号（The Empress of Canada）など、避難者を乗せた船が神戸港に次々と入ってきた。兵庫県は神戸港の突堤に天幕張を設けて救護員や医師・薬剤師・看護師を待

図4　神戸港に到着した避難外国人
1923年9月5日付「神戸新聞」より

図5　オリエンタル・ホテルのホワイエ

機させ、避難者の応急手当や宿泊所の手配などを行なった。[12]

同様に、神戸港に上陸した外国人避難者は、救援委員会の下船支援チームが出迎えた。着の身着のままで大地震と大火災から逃れてきた外国人にとって、言葉が通じる人々に温かく迎えられたことは何よりの安心材料となったであろう。次に、自動車輸送支援チームが避難者を救援委員会本部のオリエンタル・ホテルへ送り届ける。この自動車は外国人たちが提供した社用車あるいは自家用車である。

オリエンタル・ホテルのホワイエでは、女性のボランティア数人が待機して避難者からの質問や要望に対応した。被災地から家族や友人、同僚がやってくるかもしれないと期待して、ホテルで避難者の到着を待つ外国人たちも少なからずいた。『The Great Earthquake』は、ここで感動的な再会のドラマが繰り広げられたとレポートしている。神戸で上陸した避難者の名簿も、ここで作成された。

傷病者の対応は、医療チームの役割である。同チームは神戸万国病院の協力体制のもと、バーカー医師（Dr. Barker）とバード医師（Dr. Bird）がスタッフに名を連ねている。怪我の状態が深刻な避難者は、イリス商会（Illies & Co.）が準備した救急車で港から神戸万国病院へと搬送された。同院は新生田川左岸の国香通・神若通七丁目にあり、神戸在住外国人が運営・利用する医療機関であった。[13]

オリエンタル・ホテルのダンスホールは、ベッドが並べられて臨時病院となった。日本人の医師三人と訓練を受けたボランティア看護師が待機し、怪我の手当や包帯の交換などを行なった。カトリック修道会のシスターたちは、臨時病院で働く看護師を補助した。この臨時病院は、トルスデル（Trousdell）夫人が管理した。

妊婦のための臨時病院も設けられた。ウイリアムズ（C. J. Williams：シーワン・トムズ社支店長代理）が中山手通二丁目の屋敷を提供したので、そこに医療チームのヴォスバーグ夫人（P. de M. Vosburg）とケーシー夫妻（T. M. Casey）が駐在した。

避難者が増加するにつれて、神戸万国病院やオリエンタル・ホテルの臨時病院では収容しきれずに傷病者があふれてしまう事態が起こった。ニッケル&ライオンズ社（Nickel & Lyons, Ltd.）は、塩屋にあるワトソン船長（Captain Watson：同社取締役社長）の屋敷を回復期にある傷病者の療養所として提供した。また、収容しきれなくなった傷病者のために、故ロバート・ヤング（Robert Young：ジャパン・クロニクル創業者）の塩屋の屋敷が追加された。

宿舎チームは外国人住民から提供された宿舎を避難者に割り当てた。個人宅のみならず、外国人学校のカナディアン・アカデミー（The Canadian Academy）[14] や英国教会のミッションスクール（The English Mission School）[15] が宿舎を提供している。

東遊園地のKR&AC体育館は大規模宿舎のひとつで、体育館チームが担当した。同チームの代表はKR&ACの事務局長のトーマスで、彼のアイデアにより劇場と上階の部屋に畳が敷かれて家族用の個室に供用された。

図6　オリエンタル・ホテルのダンスホール

一時的な避難所ではあるが、体育館チームは滞在が快適なものとなるように配慮して食事と風呂を提供した。友人の家で寝泊まりし、食事のためだけに体育館へやってくる避難者もいた。ロシア人亡命者（一九一七年のロシア革命により国外へ脱出した人々）が大挙してやってきたとき、体育館はロシア人専用の宿舎となった。

　このような神戸在住外国人の救援活動は、九月五日付「神戸又新日報」で報じられて日本人にも知られるところとなった。

「三日の外人臨時大会[16]で決議したる救恤《きゅうじゅつ》本部はオリエンタルホテルに設置せられ列国領事及び英米協会幹部が委員となりて昨朝来大繁忙を極めて居る」「尚ほ避難者の為に救恤本部から昨朝外人社会に向ひ自動車提供物資寄付の宣伝を試みたる結果列国人は奮つて皆之に応じ自動車の如き全部提供して商館への往復には人車又は電車に依ることゝなつた」「因に当地外人の救恤寄付金は昨日中に五万円内外に達したと又三日夜既記の米船ウエスト、オロアで神戸外人慰問委員が横浜に輸送したる物資は食料品五千噸缶詰二千個、氷嚢用氷二十噸飲料水一千噸其他炊事道具及薬剤など」

　愛国婦人会兵庫県支部は、救援委員会の貢献に共感して浴衣とお菓子を寄付した。九月一二日には大阪商工会議所会頭の稲畑勝太郎が、大阪市長・池上四郎の代理人、大阪府知事・土岐嘉平の代理人らとともにオリエンタル・ホテルを訪れ、救援委員会の委員長を務める英国総領事のフォースターと面会している。稲畑ら大阪の一行は在住外国人の救援活動を見学し、救援委員会への賛同として五〇〇〇円を寄付した。また、神戸商業会議所の日本人会員五人が救援委員会の活動に参加したとの記録がある。

『The Great Earthquake』は、救援委員会が受け入れた避難者数が大地震から九日間で一五〇〇人を超えたと報告している。当時、神戸在住の欧米国籍の人々は一三〇〇人ほどであったから、外国人住民人口を超える避難者を受け入れ、その避難生活を支えたのであった。避難者を受け入れた委員たちは「寝る間も惜しんで働き続けた」とも『The Great Earthquake』は記している。

五．英字新聞「ジャパン・クロニクル」

神戸在住外国人による救援委員会を側面支援したのは、英字新聞「ジャパン・クロニクル」である。同紙は明治二四年（一八九一）に英国人ロバート・ヤングが創刊した「コーベ・クロニクル：The Kobe Chronicle」を前身とし、明治三二年（一八九九）に「ヒョーゴ・イブニング・ニュース：The Hiogo Evening News」紙を合併したのち、明治三四年（一九〇一）に「ジャパン・クロニクル」と改めた。大正一二年（一九二三）当時の会社所在地は、旧居留地の浪花町六五番である。

創業者のロバート・ヤングは前年に亡くなっており、関東大震災当時の編集長はモーガン・ヤング（A. Morgan Young）であった。「ジャパン・クロニクル」は日刊紙のほか、週刊版の「ジャパン・ウィークリー・クロニクル：The Japan Weekly Chronicle」も発行した。筆者が本稿の調査研究に用いた資料は、週刊版の「ジャパン・クロニクル」と大震災記事を転載してまとめた『The Great Earthquake』である。

「ジャパン・クロニクル」は九月二日以後、当初は断片的ではあるものの震災報道を扱った。三日の救援会議以後は、救援委員会の活動状況について大きく紙面を割くようになっていく。同紙のモーガン・ヤングが救援委員を務め、名簿登録チームの代表も兼務していたから、救援委員会の活動に関して多くの情報を素早く得ることができたことは想像に難くない。また、「ジャパン・クロニクル」は救援委員会の活動を支援する意図を持って情報を逐次的に報道し、広く読者に知らせた。より多くのボランティアや協力者、寄付金を必要とした救援委員会にとって、情報公開は必要不可欠であった。他方、救援委員会を支える多数の神戸在住外国人にとっても、活動の透明性は間違いなく重要な要素であった。「ジャパン・クロニクル」は、いわば救援委員会の広報機関的立場で活動に連携したのである。

震災報道における「ジャパン・クロニクル」の大きな功績は、横浜から神戸へやってきた避難者名簿の掲載である。九月三日深夜のウエスト・プロスペクト号の到着以来、同紙は入港した船舶ごとの避難者名簿を掲載した。これは、家族や友人、同僚、知人の安否を心配する人々が最も知りたい情報であり、最も速報性が求められる情報と言ってよい。また、救援活動中にボランティアの手が不足したときはすぐさま新聞で呼びかけたり、活動に尽力している人々を記名で報道して励ましたりもしている。

筆者は同紙によって、九月四日に神戸に入港したP&O社（Peninsular and Oriental Steam Navigation Company）の蒸気船ドンゴラ号の避難者名簿に「ユーハイム夫妻と娘：Mr. & Mrs. K. Juhhein[17] & Daughter German」の記載を見つけることができた。洋菓子のユーハイムは神戸で一〇〇年の歴史を刻んできたが、その第一歩は救援委員会の支援による避難生活であった。[18]

九月一三日付「ジャパン・クロニクル」は、「神戸の奮闘」という見出しを掲げて二週間に

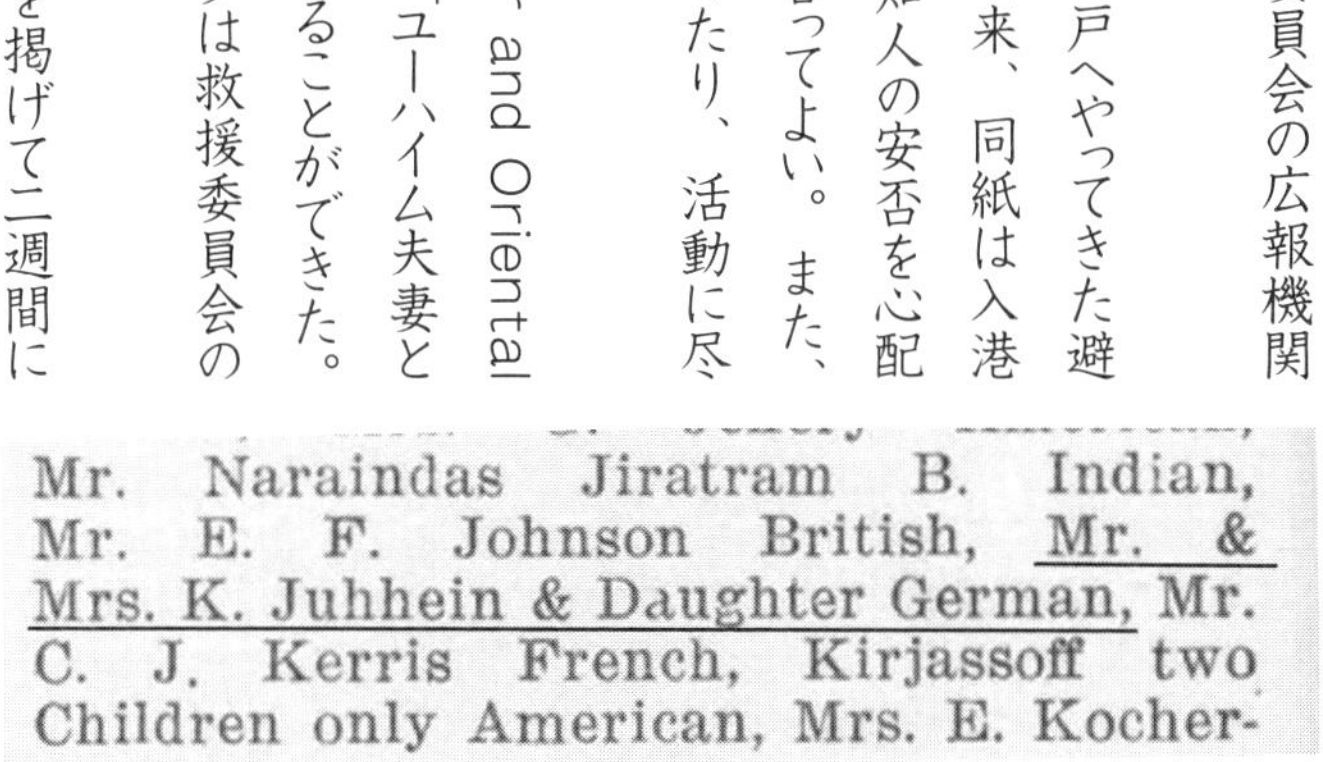
Mr. Naraindas Jiratram B. Indian, Mr. E. F. Johnson British, Mr. & Mrs. K. Juhhein & Daughter German, Mr. C. J. Kerris French, Kirjassoff two Children only American, Mrs. E. Kocher-

図7　『The Great Earthquake』に掲載されたドンゴラ号の乗船名簿部分（下線部分がユーハイム夫妻の名前）

わたる救援委員会の活動を総括している。避難者の大半が被災地を脱出し、緊急レベルの支援活動が一区切りついたのが、大地震の二週間後あたりであったということであろう。同紙は、救援委員あるいはボランティア活動に携わった人々について「神戸の人々は一体となって見事にやり遂げた。これを自画自賛した者は一人もいない。誰もが、それがやるべき唯一のことだと考え、そしてためらうことなく実行したのである」と綴って活動を称賛し、彼らの労苦をねぎらっている。筆者からすると、活動を賞賛すべきなのは「ジャパン・クロニクル」紙も同様で、きめ細かな報道を「やるべき唯一のことだと考え、そしてためらうことなく実行した」のであった。

おわりに

筆者は、神戸外国人居留地の終焉期における居留地会議の活動に関する研究論文を「居留地三十八番の売却をめぐって」[19]と題して発表した。明治三二年（一八九九）の条約改正に伴って自治組織の居留地会議が解散した際、居留地住民の共有財産であった自治会館「居留地行事局」をどのように売却したか、売却で得たお金をどのように活用したかについて調査研究したものである。この研究を通じて、当時の欧米人が考える市民活動のあり方やまちづくりに対する姿勢というものに接することができた。同時に、居留地会議という名の自治組織が住民利益の最大化を共通認識として、「西洋の市民精神の発露」のもとで活動していった過程をみることができた。

国際貿易港の神戸では多国籍・多宗教・多民族の人々が、そう広くもない市街地を仕事と生活の場とし、ひとつの社会を構成しているかのようにみえる。ところが、日常的な風景は、在住外国人各自が所属する職場や国籍、社交クラブなどが形成する小さなコミュニティの集合体で、大正時代の外国人社会はそれらがモザイク的に併存した状態にあったと考える。

関東大震災という大規模災害を前にしたとき、神戸の外国人社会は先述のごとく一枚岩の状況にはなかったが、人々は連帯によって被災地を救援しようと呼びかけ、実行委員会を組織化し、決してたやすくはない活動に着手したのである。大震災に見舞われた大正一二年（一九二三）は、第一次世界大戦の終戦から五年後である。戦争の記憶はなお癒えることなく、国際関係も良好円満とは言えない時期であった点は考慮すべきであろう。そのうえで、欧米人という枠組みはあったものの、被災地救援の呼びかけは国籍や所属する小コミュニティを超えて包括的に神戸在住外国人をつなぎ、結果として一五〇〇人超の避難者に救護の手を差し伸べたのである。救援会議の立ち上げから救援委員会の組織化、救援活動の実施に至るまで、事業を牽引した人々のリーダーシップ、手際の良さ。これに応えた在住外国人たちの行動力、個人生活の犠牲をも厭わない献身とボランティア精神には驚かされる。そこに「西洋の市民精神の発露」を再びみた思いがした。在住外国人による被災地救援活動は、神戸外国人居留地で展開された自治活動のありようと、地層の深いところでつながっているようにも感じられる。

本稿は、関東大震災一〇〇年に際して、神戸在住外国人による被災地支援活動を当時の資料から調査研究し、人々の連帯の記録を伝えたいとの思いから筆を起こした。調査の大半は「ジャパン・クロニクル」が残した被災地支援活動の記録に負っており、明治―大正期の外国人社会においてこの新聞が果たした役割については、なお研究の余地があると考える。

【注】

1　一九二三年九月一日付「大阪朝日新聞」号外。

2 一九二三年九月三日付「神戸又新日報」。

3 一九二三年九月三日付「神戸又新日報」。

4 一九二三年九月七日付「神戸又新日報」。

5 『The Great Earthquake of September 1st, 1923. A record from the reports of the "Japan chronicle" of the destruction of Yokohama and Tokyo and the other ravages wrought』,Japan chronicle office,[1923]。

6 田辺眞人監修／呉宏明・髙木應光編『神戸レガッタ・アンド・アスレチック倶楽部150年史～日本スポーツ文化史とKR&AC～』、神戸リガッタ・アンド・アスレチック倶楽部、二〇二一年。

7 『神戸港大観』、神戸市役所港湾部、一九二三年。

8 『The Great Earthquake』をはじめとする英文資料の日本語訳は筆者が行った。人名や組織名称のうち先行研究等で一般化していると判断した場合は、その訳語を利用した。当時の新聞記事の引用により、人名や組織名称と本文の表記が一部異なっているが、引用文は原文のままとした。ただし、旧漢字は常用漢字に改めた。なお、在住外国人による被災地救援に関する記述については特記事項がない限り、『The Great Earthquake』を典拠としている。

9 『The Japan directory for Tokyo, Yokohama, Kobe, Osaka, Kyoto, Nagasaki, Nagoya, Nemuro, Kushiro, Otaru, Niigata, Hakodate, Sapporo, Moji, Shimonoseki and Formosa 1923』、Japan Gazette、一九二三年、以下の人物の肩書き等も本史料に依拠している。

10 「英国副領事バスク、スミス氏」の原表記から二人の人物のように見えるが、「M. Paske Smith」一人のことである。

11 領事団長は神戸駐在の最古参領事（doyen）が務める慣例があった。領事団は「関西領事団：The Consular Corps」と名称を変更してなお活動を継続しており、令和五年（二〇二三）現在、関西及び愛知県に領事館・名誉領事館を置く五七か国の領事・名誉領事が在籍している。

12 内務省社会局編『大正震災誌』、岩波書店、一九二六年。

13 前掲、Japan Gazette、一九二三年。

14 当時は原田村（関西学院の隣接地）に校舎があった。

15 松蔭高等女学校を指していると考えられる。当時は中山手通六丁目に校舎があった。

16 「神戸又新日報」記事中の「外人臨時大会」は、本稿では「救援会議」。以下同様に、「救郵本部」は「救援委員会本部」、「人車」は「人力車」である。

17 洋菓子店のユーハイムの綴りは「Juchheim」で、本紙の記載は単純な綴りミスだと考えられる。

18 頴田島一二郎『カール・ユーハイム物語』（新泉社、一九七三年）には、怪我を負ったカールと妻エリーゼ、娘ヒルデガルドの三人は「横浜の店にも時折顔を見せた塩屋のウイットのところへ落ち着いた」とある。このウイットについては、『The Japan directory1925』に以下の記載がある。「Witt, G. N., I. du Pont de Nemours & Co., and Takenochaya」。「Takenochaya」とは、塩屋の西の「滝の茶屋」を指している。

19 神戸外国人居留地研究会編『近代神戸の群像：居留地の街から』、神戸新聞総合出版センター、二〇二三年。

著者紹介

谷口義子（たにぐちよしこ）。神戸学院大学非常勤講師。研究テーマは、神戸外国人居留地の日仏交流史および神戸・阪神間の地域史。著書に、『灘の歴史』（主筆）、『宝塚まちかど学』（主筆）、『神戸の歴史ノート』（共著）などがある。ＮＨＫ連続テレビ小説「べっぴんさん」（神戸風俗考証）、ＮＨＫ総合「ブラタモリ＃ 64 神戸の港」出演。神戸外国人居留地研究会監事。兵庫県こうのとり賞、宝塚市市民文化賞受賞。

コラム

100 年前に起こった関東大震災の救援活動について調査研究するということは、100 年前に神戸で生活し、この救援活動に従事した外国人たちの痕跡をたどっていくことになります。本研究にあたって 100 年前の新聞を読んでいると、タイムマシーンに乗って大正時代の神戸に降り立ったような気分になることがありました。新聞や資料から得られるのは断片的な情報に過ぎませんが、それでも時には救援活動に携わった人々の想いにふれたと感じることがありました。

そのような感触を得ることができたのは、言うまでもなくジャーナリズムの力です。筆者が本研究に取り組む端緒になったのは、英字新聞「ジャパン・クロニクル：The Japan Chronicle」と同社の震災報道をまとめた記録集『The Great Earthquake』が入手できたからで、これらの記録が神戸在住外国人による救援活動の子細を伝えてくれたのです。平易な言葉で綴られた記事はコンパクトで無駄がなく、必要な情報を過不足なく伝えようとする記者や編集者の意図が直接的に伝わります。記録集『The Great Earthquake』のテキストこそ本研究を牽引する原動力で、これを現代の私たちに残してくれたことを感謝せずにいられません。

第三章

関東大震災と神戸港

坂倉 孝雄

はじめに

「港町」――関西人にとってそれは神戸を指す。いつの時代も港は、地域の文化交流に欠くことのできない窓である。それは近代化に際しても同じであった。阪神間の文化形成において神戸の港が果たした役割は大きい。文化の成り立ちをひとつひとつの要因に遡って完全に腑分けすることなど、もとより望むべくもないが、それでも、ことの始まりや時代の転換点として大勢が同意し、記憶されるものがある。

この港、神戸港の歴史においてハイライトのひとつは、大正一二年（一九二三）の関東大震災であろう。

関東大震災は相模湾北西部を震源とし、その影響は、震源にほど近い横浜港において大きかった。震災前の横浜港は、明治二二年（一八八九）から大正九年（一九二〇）まで大規模な港湾修築工事が進められた結果、岸壁二〇〇〇メートル、物揚場二四〇〇メートル規模となり、全国貿易額の四四%を占める最大の貿易港であった。それが灰燼に帰したのである。「壊滅的被害」と表された横浜港にとって、関東大震災が大事件であることは言うまでもないが、横浜港が受けた衝撃は形を変え、遠く離れた神戸港にも及んだ。

幕末に鎖国が解かれ開かれた港、いわゆる開港五港には、すでに江戸時代から幕府の管理下で交易が行われていた長崎港の他に横浜（神奈川）港、函館港、新潟港そして神戸港があった。これら五港のなかでも横浜港は、明治新政府中枢の東京を背景に、随一の取引額と先進性を誇っていた。

開港をもって国際市場に加わった日本はしかし、そこに流通させるべき産物を多くは持たなかった。明治維新とともに西洋式の文明を取り入れ、産業を興すことは非常に大きな課題だったのだ。明治日本の中心的な輸出産品は生糸および関連品目であった。そして横浜港はその輸出のほとんど全てを担い、「生糸一港制」といわれていた。その横浜港が震災によって機能を喪失したとき、神戸は横浜に代わり、日本一の港となったのである。

しかしそれは単に自然の威力が引き起こした運命のいたずらによってもたらされたものではなかった。神戸港が生糸を取り扱うに至るまでには、相応の前史があったことを私たちは知っている。そこには地域が育んできた養蚕の伝統、生糸生産を成熟した産業に育てようという企業家たちの志、そしてその熱意ある志が実を結ぶように、組織化・制度化に向けて奔走した人々の物語があった。

この章では、神戸港にとっての歴史の分かれ目となった関東大震災を、生糸をキーワードに、時代をさかのぼって見ていきたい。

一. 神戸・横浜両港の発展と生糸産業

・明治期の両港

明治期、殖産興業を合言葉に日本の産業は大きな発展を遂げた。政府は軍事工業に重点を置いて工場経営を

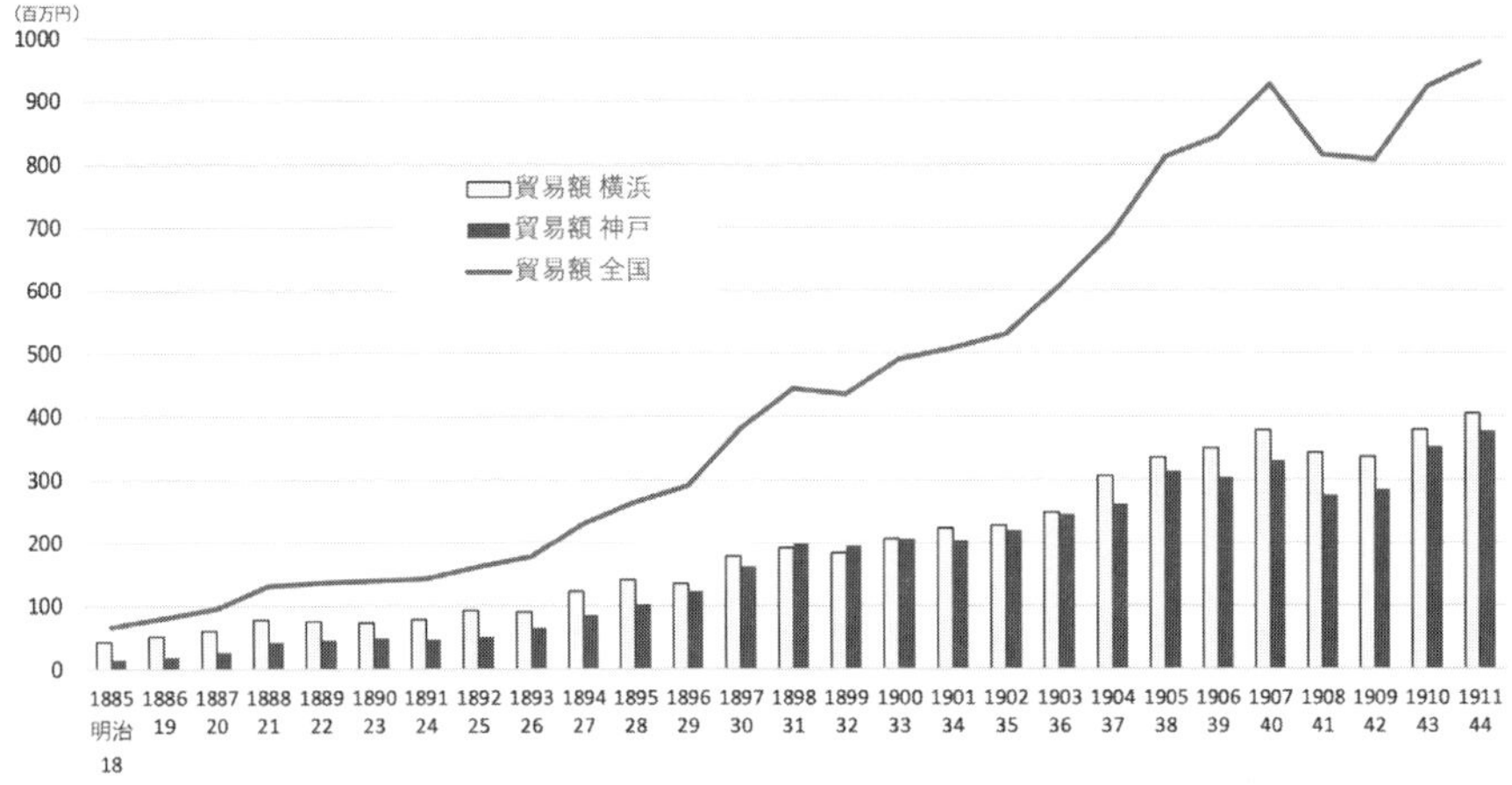

図1　神戸港、横浜港の貿易額推移
（データ）神戸税関、横浜税関

始めたほか、当時輸出の中心品目であった生糸の生産に力を注ぎ、官営の製糸工場や紡績工場を設立した。繊維産業の輸出に占める割合は五〇％強にも上り、また製造工業生産額に占める割合は四〇％強と、まさに「産業の担い手の役割を務めていた」（経済企画庁）[2]。

まずはこの明治期の輸出額のめざましい伸長を貿易の統計によって振り返ってみたい。

図1は貿易額の統計が円単位で公表されている明治一八年（一八八五）以後の全国および神戸・横浜両港の貿易額（輸出額＋輸入額）推移を表している。明治一八年に六六〇〇万円だった貿易額は、同四四年（一九一一）には九億六一〇〇円に上り、年率換算すると実に一〇％を上回る成長を遂げた。

この期間の主な輸出品目は、神戸港においては緑茶や燐寸《マッチ》といった食品、日用品が上位を占め、明治三三年（一九〇〇）および四三年（一九一〇）には綿織糸が一位であった。これに対し横浜港を見ると、一〇年おきの全ての年において生糸が一位を占めている。しかもその割合は年々増えて、明治四三年には五割を超えるまでに成長していたことがわかる（表1）。

・大正期の両港

大正期に入ると、とくに大正五年（一九一六）以後第一次世界大戦に伴ういわゆる大戦景気に背中を押されるようにして、貿易額は一段と伸長を遂げた。そして図２でも確認できるように、神戸・横浜両港の貿易額は接近し、大正六年には逆転さえしている。

この時の神戸港からの主な輸出品目は何であったのだろうか。それを一覧にしたのが、次ページの表２である。

大正六年の輸出上位品目を見ると、汽船の文字が目につく。それ以前の年にはなかった品目であり、これが輸出額を押し上げたことが察せられる。しかしすぐに戦後恐慌に見舞われ、

神戸港						
	明治23(1890)年		明治33(1900)年		明治43(1910)年	
	品目	%	品目	%	品目	%
1位	**緑茶**	15.1	**綿織糸**	24.2	**綿織糸**	20.8
2位	生銅-熟銅	13.3	荒銅-熟銅	11.0	銅塊・錠	11.1
3位	樟脳	9.8	燐寸	7.8	燐寸	6.5
4位	燐寸	8.3	麦稈真田	5.2	真田(麦稈製)	4.9
5位	米	7.3	地蓆	4.6	綿メリヤス肌衣	4.6

横浜港						
	明治23(1890)年		明治33(1900)年		明治43(1910)年	
	品目	%	品目	%	品目	%
1位	**生糸**	42.3	**生糸**	46.9	**生糸**	57.8
2位	茶	11.2	羽二重	18.1	羽二重	12.6
3位	銅類	9.4	茶	5.6	銅類	3.1
4位	絹手巾	7.7	銅類	5.2	屑糸	2.4
5位	熨斗糸	4.4	絹手巾	4.5	絹手巾	2.1

表１　神戸港、横浜港の主要輸出品目
（データ）横浜税関、神戸税関

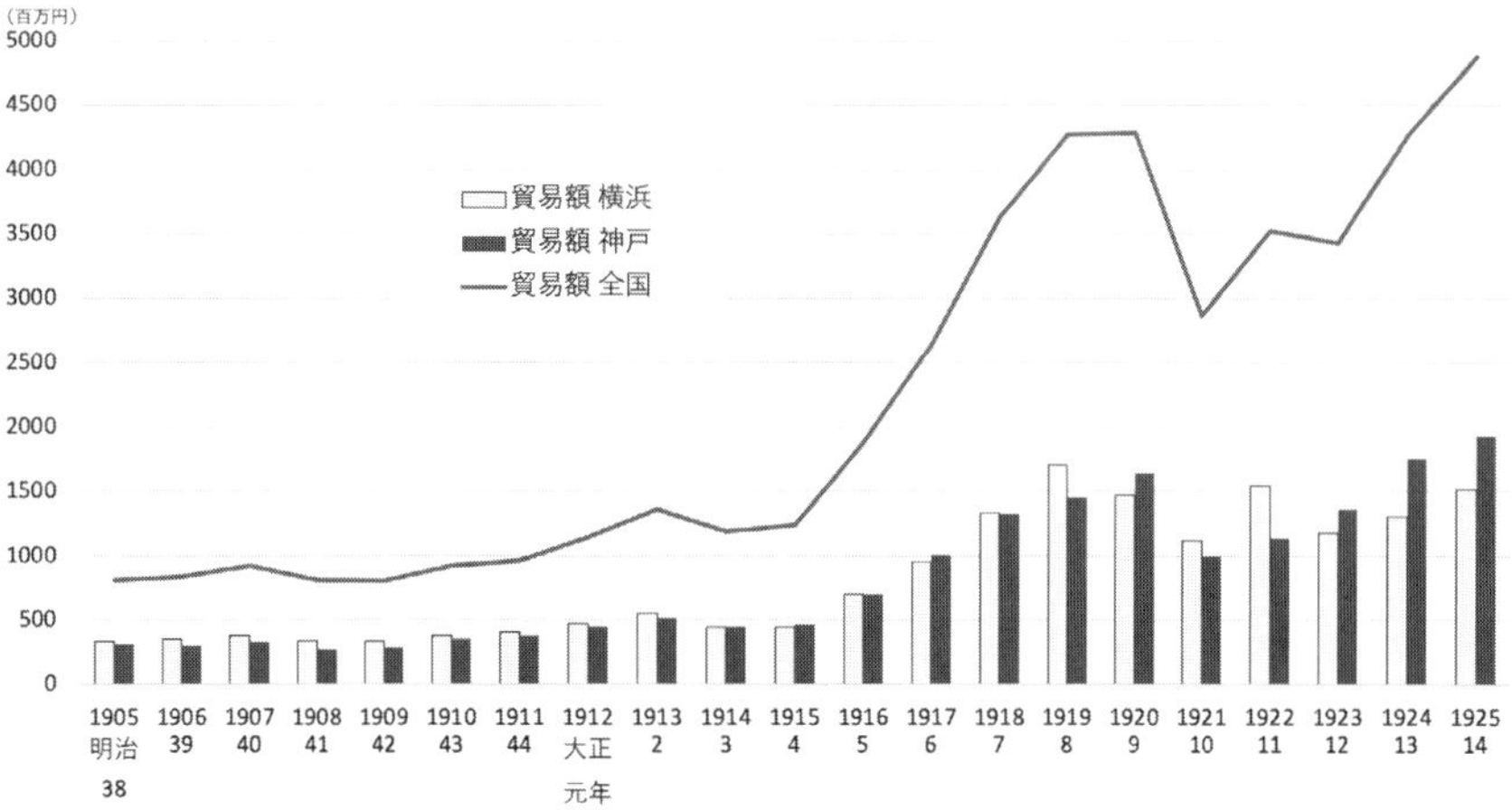

図２　神戸港、横浜港の貿易額推移
（データ）横浜税関、神戸税関

神戸港の貿易額も縮小を余儀なくされた。ふたたび拡大基調に転じるのが大正一一年（一九二二）からで、そして同一二年、横浜港が関東大震災に見舞われる。

このとき神戸港の輸出品目の第一位が、明治期を通じて横浜港の輸出を牽引してきた、あの生糸となるのである。

二．関西における生糸産業の近代化と課題

・養蚕業の適地と三丹地方

そもそも横浜が生糸を一手に取り扱っていた背景には、港に外国商館や市場があり、さらにその後背地には養蚕業が集積していたという事情がある。具体的には埼玉県をはじめとする関東圏、さらには長野県や福島県などで養蚕業は盛んであった。ではいったい養蚕業の適地とはどういったところなのだろうか。

その主要なところを摘出してみると、（一）自然的立地、（二）社会経済的な立地、（三）他作物との比較や複合といったあたりがカギとなる。[3]

（一）は端的に言えば、上質な桑の葉が生育する環境のこと。つまり気温、降水量、土壌の質といった自然の条件である。たしかに冷涼であることが求

	大正5(1916)年		大正6(1917)年		大正7(1918)年		大正8(1919)年		大正9(1920)年	
	品　目	%	品　目	%	品　目	%	品　目	%	品　目	%
1位	**綿織糸**	**12.0**	**汽船**	**13.3**	**綿織糸**	**13.4**	**綿織糸**	**10.4**	**綿織糸**	**10.6**
2位	肌衣(綿メリヤス製)	6.1	綿織糸	10.1	汽船	5.1	燐寸	5.8	生金巾･シーチング	6.7
3位	燐寸	5.2	銅(塊･錠)	9.6	燐寸	4.3	生金巾･シーチング	3.8	燐寸	4.5
4位	銅(塊･錠)	5.1	燐寸	4.3	銅(塊･錠)	3.3	肌衣(綿メリヤス製)	3.6	肌衣(綿メリヤス製)	3.2
5位	亜鉛(塊･錠)	3.1	亜鉛(塊･錠)	3.0	澱粉	2.5	真田(麦稈製)	2.6	真田(麦稈製)	2.8

	大正10(1921)年		大正11(1922)年		大正12(1923)年		大正13(1924)年		大正14(1925)年	
	品　目	%	品　目	%	品　目	%	品　目	%	品　目	%
1位	**綿織糸**	**11.3**	**綿織糸**	**11.2**	**生糸**	**9.2**	**生糸**	**15.2**	**生糸**	**20.1**
2位	生金巾･シーチング	8.0	生金巾･シーチング	6.5	生金巾･シーチング	8.8	羽二重	9.1	生金巾･シーチング	5.2
3位	燐寸	6.1	燐寸	5.0	綿織糸	5.5	ポンジー･富士絹	6.7	綾木綿	4.5
4位	綾木綿	3.6	綾木綿	4.0	羽二重	4.7	生金巾･シーチング	6.2	富士絹	3.5
5位	肌衣(綿メリヤス製)	3.1	肌衣(綿メリヤス製)	3.8	肌衣(綿メリヤス製)	4.0	綾木綿	3.7	綿織糸	3.2

表２　神戸港の主要輸出品目
（データ）神戸税関

められるが、日本の気候のもとにあってはそれほど限られた条件でもない。

（二）は先に述べた土地の条件の他、労働、資本、それに販売市場との距離（搬送費）が問題となる。これらのうち、資本に関してはそれほど高い資本装備率を求めないとされ、また鮮度がシビアに求められるほど距離にも敏感ではない。とはいえ運賃は距離に比例するので、やはり出荷先に近い方が望ましいことは言うまでもない。また、労働に関しては桑の栽培と蚕の飼育とで必要となる労力が異なり、それぞれが季節性を持つ。結果として季節ごとに必要な労働力が違ってくる。したがって安くて柔軟な労働調整ができることが一つのポイントとされるのである。

（三）は、同じ労力をかけるとしてより有利な作物はないか、という観点である。結論からいえば、ある種の果実栽培が可能な地域では、果物の方がより多くの利益が期待できる。養蚕は比較的劣位ではあったが、先ほど述べたとおり繁閑の季節性があることから、冬期を養蚕業に割くことができる農産品との複合農業はより有利な条件になる。

こうした条件に当てはまる地域は、なにも東日本に限定されるわけではない。実際、関西圏でいえば但馬、丹後、丹波（いわゆる三丹地方。現在の京都府や兵庫県の北部地域）には養蚕業の集積がある。この集積形成に一役買ったのが、兵庫県養父の人、上垣守国であった。

上垣守国は江戸時代後期の人物で、蚕種の改良に功績を残した。当時の養蚕先進地域であった関東の高崎市や伊勢崎市をめぐり、養蚕技術を見聞するとともに、良質な蚕種の買い付けも行った。また桑の栽培技術を研究することでも、但馬産生糸の品質向上に貢献した。彼らの努力が実を結び、丹後ちりめんの原料糸に使われるようになったことで、当地の養蚕業の足場ができていったのである。[4]

また上垣はその技術や知識を広めることにも力を注いでおり、『養蚕秘録』という書物も著した。この養蚕秘録はシーボルトによって欧州に持ち込まれた後、フランスやイタリアでも翻訳され、高く評価された。このような先進知識の吸収と研究、そしてそれら知識の伝播の営為により、生糸を産出する基盤ができたことで、当地の養蚕業は近代へとつながっていった。そして日本の科学的な養蚕ノウハウが渡仏したことが契機となり、その後の欧州大陸でのヤマユの蚕種導入から生糸製造業の発展、そして時を超えて富岡製糸場での器械式製糸の教師として仏人ブリュナを迎えることにもつながっていくのである。

・粗悪化の問題

しかし、近代化を迎え、国際市場での評価を得るためには課題も多かった。とくに品質の向上はその中でも重いものであった。

幕末、日本の生糸の評価は高かった。とくに上州・信州あたりで生産される糸はそうで、産地名のひとつであるMaybashiがブランド的に認知されていたという。ところが幕末から明治初期に生糸粗悪化問題として知られる品質悪化を起こしてしまう。なぜか。

ひとつには不正である。生糸は重量を基準に取引されたので、水分を含ませたり、混ぜ物をするなどの信頼を損なう行為があったようである。しかしそのような子供だましとは異なり、もっと本質的な課題もあった。当時の生糸生産が直面していた状況として、細糸への傾斜について研究がなされている。この時代、欧州では蚕病が流行し、生糸の希少価値が上がっていた。それ故に日本の生糸も比較的高値で取引されたのだが、繭が不足する中、節約志向がはたらき、細糸が重宝されていた。そこで日本で買い付けを行うバイヤーも日本の生産者に細糸を求めるようになった。日本の場合、相対的に労賃が安く、細糸を生産するための労働コスト増加よりも、人気のある細糸を売ることで手にする稼ぎの方が大きいので、産地はこぞって細糸の生産に傾いたようである。当然の理であるが、より多くの繭から引いて作った糸に比べて少数の繭から作った糸は、何も工夫をしない限り強度が落ちる。細くしても切れない丈夫な糸を作るには相応の技術が必要であるにも関わらず、高価格につられて無理に細糸を生産する者が現れたことがこの時期の粗悪化問題の根本にあると見られている。[6]

・富岡製糸場から関西へ、関西製糸業の課題

そうした背景のもと、欧州の器械製糸技術の導入は、品質低下問題への解決策としても期待されていた。明治政府による生糸産業の発展に向けた施策として誰もが知るのが、官営の富岡製糸場設立であろう。器械製糸工場とその周辺の養蚕業関連施設は平成二八年（二〇一六）にユネスコ世界遺産にも登録されている。

この製糸場はもちろん、西洋の製糸器械を、工場の運用手法ごと日本に導入することを主たる目的として設立された。そして模範工場として日本の各地から工員を集め、やがて各地にそのノウハウを持ち帰らせることを意図していたのである。

富岡製糸場で近代的な製糸技術を身につけた工女たちは、滋賀県や兵庫県などに次々と建てられた製糸工場で教える立場となり、技術の伝播に努めた。

滋賀県彦根では、富岡製糸場に多くの子女を送って最新の器械製糸の技術を修得させることに熱心であったという。もともと群馬県富岡周辺は、藩政期より近江商人が近江上布の原料麻苧《あさお》の仕入れを行っていたゆかりの地だった。また富岡製糸場でも、所員の韮塚直次郎の妻みねが彦根出身者であったことから、彦根には職を失った士族が数多くいたことが伝わり、直次郎と妻みねは彦根に赴き工女を集めたというエピソードが残っている。[7] あるいは彦

根藩士遠城謙道の妻で、賢婦人として名高い繁子が工女取締役として工女の面倒を見ていたことが大きな要因だとの分析もある。[8] このようして、富岡製糸場には滋賀県出身者が多数雇われ、その数は全工女の約三割にも上り最多数であったという。

また兵庫県但馬からは、明治七年（一八七四）に二〇人の工女が派遣され、技術を学んだとされる。さらに明治二六年（一八九三）からは、群馬の養蚕技術教育機関「高山社」から指導者の派遣を受け、技術の習得に力を注いだ。[9]

ただ、生糸の生産に関しては後発組といえる関西の産地は、群馬など先進地域が上糸県と呼ばれたのに対し、下糸県とされていた。たとえば京都についてみると、明治一八年（一八八五）の農商務省による繭・生糸・織物・漆器・陶器の全国五品共進会による審査の結果、京都府の繭と生糸に対する評価は「粗の魁」と厳しく評価されたと伝わっている。

そんな関西の養蚕業の発展に向けた課題は三点に要約される。ひとつは、蚕種の質の悪さであった。三丹地域は上州から湖北を経て売り歩く蚕種業者が最後に辿り着く「蚕種の営業人共の悪種捨て場」となっていた。二つ目がそうした粗悪品の取り締まりをはじめ、品質改良を進めるための組織作りであった。そして三つ目が輸送コストの嵩む横浜からではなく、近隣の神戸港からの輸出を実現することであった。[10]

三．生糸産業興隆への二つの運動

・生糸の直輸出と商権回復運動

幕末から明治のはじめにかけて、輸出は居留地外商および邦人の売込問屋によって担われていた。そもそも通商は居留地に限られており、したがって居留地近くの問屋が仲介する形態をとっていたのである。生糸に関しても同様で、明治二〇年代段階でもその九割以上を売込問屋経由の取引が占めていたという。[11]

こうした中、大資本である外国商館が日本の産品を買い叩くという構図が常態化しており、貿易振興や商権回復の見地から、居留地外商を経由しない直輸出への関心が高まった。旧薩摩藩の人、前田正名はその提唱者の尤《ゆう》たる一人であった。

直輸出への切り替えの動きは明治一三年（一八八〇）の横浜正金銀行創業、御用外国荷為替開設を契機に、直輸出商社の起業や、直輸出参入者の拡大となって表れてきた。生糸の直輸出も行われたが、松方デフレとそれに先立つ不況から、破綻、撤退する荷主も多かった。さらには資金調達力の問題から、低金利資金の活用が望めた売込問屋経由に傾かざるを得ないという事情から、直輸出はなかなか活発にはならなかった。

ではいったいなぜ、政府は不振であった生糸直輸出業への支援を止めなかったのか。この間の事情に詳しい富澤によれば、明治二二年（一八八九）、農商務省に前田正名が高官として復帰し、大蔵省に対する強い保護継続の要請があったこと、大蔵大臣松方正義自身、河瀬秀治（横浜同伸会社社長）や速水堅曹（同前社長）、星野長太郎（同検査役）等といった、生糸直輸出業関係者と接点を有してきたこと、そしてさらには福沢諭吉も「時事新報」上で力説したとおり、生糸直輸出業解体の結果、横浜居留地外商等が最後の競争者の消滅を奇貨として一層低価格で国産生糸を買い叩く、との危惧が一定の説得力を持って認知されていたことなどが考えられる。[12]

中でも前田正名の影響力は大きく、生糸直輸出運動の中心人物はほとんどが、蚕糸業関係の各会議や前田の全国遊説（いわゆる前田行脚）を機に彼と強く結びついた者たちであった。前田による産業振興方策の根幹は、地方産業の振興による専奨主義で、農商務省を辞職してからも自らの構想を実現するため、全国の地方産業振興の民間運動に力を注いだ。[13] 前田は、銀行、企業、生産者の協力による商権回復を目指していたのである。[14]

この間の運動は、居留地貿易全盛期にあって、国内生糸市場の地位を維持し、高品位の生糸製造・出荷を促進した。また国内製糸業の技術水準を向上させる点でも顕著な役割を果たしたと評価される。さらには邦人側の商権後退を押し止める歯止め役として機能してきたという意義もあると考えられ、その効用は、直輸出を進めたい関係者側だけでなく、売込問屋側として利害を同じくする事業者にまで広く及んだとみられる。[15]

こうした運動には、京都の郡是製糸の他、京都製糸会社（京都市）や八鹿製糸所（兵庫県養父市）といった関西の蚕糸・製糸事業者が加わっていたのである。

・蚕糸業の品質向上に向けた制度づくりと関西の事業者の役割

関西系の事業者にとっての重大な関心は、先に述べたように、芳しくない評価のもととなっている粗悪品をどうにかすることにあった。明治一八年（一八八五）に蚕糸業組合準則が制定されると、全国各地に蚕糸業取締所が置かれ、その中央団体として蚕糸業組合中央部が設立された。先に述べた直輸出の問題は、この中央部における大きな争点のひとつであった。群馬や長野などの先進地域でも、直輸出を進め、商権の回復を図りたいグループと、横浜売込商とのつながりが強いグループとの間でしばしば対立があったことが記録されている。直輸出を目指すグループは組合の力を強化し、それでもって事を推進したい意向があり、逆に売込商経由での現状ビジネスを維持したいグループは業界の自治を重視し、公権力の過度の介入を嫌ったためである。

明治二二年（一八八九）に中央部会議は蚕糸業組合中央部の廃止を決定、解散してしまう。そして直輸出保護を求めるグループは、中央蚕糸協会を設立し運動を始めた。この活動は有志型の組織を志向し、志を同じくする政治家や官僚との人脈で展開された。関西をはじめ後発地域の蚕糸業者グループらによる蚕種検査法制定に係る運動も、組織として統制力を発揮し課題を解決したい意向を持っていたことから、この直輸出の実現を目指すグループの活動と並んで進められていった。京都府下においては、京都府蚕糸業取締所頭取山崎義丈、何鹿郡蚕糸業組合組長波多野鶴吉らが、府選出の議員に意見書を送り、また自らも東上し農商務大臣に意見具陳を行ったり、検査法の実施協議会組織として請願活動を行ったりしている。[16]

明治二五年（一八九二）には奈良で関西府県連合共進会が開催され、会は兵庫県の田淵澄と京都府の波多野鶴吉によって進められた。ここで評決された内容は、①現行の蚕糸業組合準則を廃止し、より実行力のある取締法の発布を請願すること、②関西各府県蚕糸業組合から構成される団体を組織すること、③各府県から東上し神戸生糸検査所の設置を請願すること、そして④として②の団体を組織するために神戸港に会同することであったという。[17]

さらに明治二七年（一八九四）には石川県で前田正名を会頭に、より大規模な関西蚕糸業大会が開催された。この大会が画期となり、以後の全国運動のなかで関西蚕糸業者が先導的役割を果たしていくことなった。

大会後には帝国議会に対し、生糸直輸出奨励法案と並んで関西蚕糸業界が求めてきた蚕種検査法案や生糸検査所法案が提出された。これら蚕糸業規制による蚕種改良や蚕種の統一は、品質の良い糸を生産する上で不可欠な、優良な繭の生産を可能にし、組合規制は、地元の優良な繭を安定的に確保するための合理的な繭取引の仕組みを構築することにつながっていくのであった。

四．神戸港、生糸輸出へ

・神戸の企業と産業界

明治二〇年代前半からの生糸直輸出業関係者の要望、および明治二〇年代後半の規制運動の要望を受けるかたちで、明治二八年（一八九五）に生糸検査所法が成立した。その公布を受けて、明治二九年（一八九六）に神戸、横浜にそれぞれ国立生糸検査所ができた。

しかし西日本においては先に見たとおり、東日本に遅れて養蚕業が立ち上がってきたため、神戸の国立検査所は生糸商が集まらず明治三四年（一九〇一）にいったん閉鎖されてしまう。

また、大正期に入り、生糸の取引価格は投機の影響も受け、不安定に推移する。これに耐え切れず事業から撤退する取引業者も増える中、「神戸を栄えさせる」という志を社名にした商社、神栄社は、神戸での輸出事業は順調には運ばなかったが、横浜に展開した商いによって事業の継続を果たすなど、地元企業の踏んばりで、生糸輸出の気運を絶やさなかった。[18]

一方、個々の企業だけでなく、地元の財界も動いた。のちに神戸商業会議所は、「其理由とする所は、僅に生産地の関係によるに過ぎず」、関西の生産額が十分に大きくなったこの大正期において「尚且これ」即ち生糸の取り扱いを、「横浜港にのみ限定するは」「最も賭易き矛盾」だと主張している。そのため「一昨年」、つまり大正一〇年にも「神戸の検査所開設にかかる陳情書」を提出するなど、神戸での生糸取り扱いに向けた準備と働きかけを続けてきたことを記録している。[19]

そして迎えた大正一二年（一九二三）。関東大震災が発生し、横浜港およびそこでの生糸貿易が打撃を受けるや、代替港の設定はいわば国家経済の喫緊の課題となった。準備ができていた神戸港がその役割を担うのは必然の流れで、神戸商業会議所は、神戸市に生糸検査所の開設を具申しこれが議会で即決されたのである。

・生糸貿易のための前提となる検査所

さて、神戸港から生糸を輸出するためには、検査業務が前提となる。そして検査業務を実施するためには、検査機器を備えた検査所が必要である。関東大震災で生糸を神戸港から輸出するにあたり、京都の検査機器が神戸に貸し出されたという記録が残っている。そこに至るまでの道のりのエピソードと合わせて京都府の年表[20]を見てみたい（表3）。

大正一二年、関東大震災と同年に京都にも実は生糸検査所が設立された。これはその前年、大正一一年に全国の生糸輸出量および輸出額で過去最高を記録するほどの隆盛を受けてのものだと推察される。この隆盛の背景には、大正期に入ってからも継続されていた養蚕、蚕糸製造に関する試行錯誤があった。たとえば、大正一〇年の欄には、郡是製糸が出口式の多桑飼育法を取り入れた旨、記載がある。

それまで乾燥と比較的少量の給餌が主流だったが、新たな蚕の種、一代交雑蚕品種にはその飼育方法が向かなかった。そこで何鹿郡の出口は経験に基づき、従前指導されてきた知識とは異なる、いわば飽食型の飼育法を試し、成功させた。郡是製糸は早々にこれを取り入れ、改良を加えて「郡是育」を完成させるのである。

こうした知識や技術の蓄積、またそれを定着させるための組織活動が行われ、そしてそれに伴い資本整備が進められていたからこそ、大震災という突発的な災害にも即応することができた。府の検査所は機械を神戸検査所に貸与することを決め、そして震災後わずか二週間にも満たない九月一二日、関西（郡是）の生糸は神戸港から

表３　京都府における蚕糸業関係年表

年	京都府の動き	日本の動き
大正3	何鹿郡蚕糸同業組合、養蚕教師設置服務内規を定め養蚕教師の人選督励に力を注ぐ。	蚕業試験場官制公布、現蚕種製造所の編成替えにより成立。蚕糸業に関する試験および調査と原蚕種の製造及び配布を任務とする。
4	府原蚕種製造所支所を綾部に設置。	蚕糸業同業組合中央会設立認可。
5	府原蚕種製造所支所、本所になる。	
6		全国製糸家大会を横浜で開催、糸価維持策を協議。
7	府蚕糸同業組合連合会立城丹蚕業講習所、京都府立に移管。郡是製糸（株）、蚕栄、福知山、舞鶴の三製糸会社を合併。	（米騒動多発）
8	何鹿郡山家村に山家製糸（株）設立。与謝郡蚕糸同業組合、全芽育の普及に乗りだす。	米国からの受注増加で生糸市場活況に転ずる。
9	蚕業に関する町村蚕業専任技術員の設置補助交付金規定を定める。	
10	群是製糸、出口式多桑飼育法の採用を決定。	全国養蚕組合連合会設立
11		生糸輸出量価額ともこれまでの最高を記録（輸出総額の四一パーセントを占める）
12	府生糸検査規則制定。府生糸検査所設置。 ・郡是製糸横浜出張所を設置。 ・府参事会、府生糸検査所の検査機械を神戸生糸検査所に貸与することを可決。 ・郡是製糸（株）、神戸出帆の第一船に生糸百二十俵を積み込む。	関東大震災

（出典）京都府総合資料館編（1970）『京都府百年の年表：3農林水産業編』

大洋へと出港していったのである。

神戸商業会議所は、生糸需給に関する世界情勢を説きながら、これを危機ゆえの一時的な措置とするのではなく、恒常的な二港制とするように呼び掛けた。結果は周知のとおり、この後神戸港でも第二次大戦に至るまで生糸の輸出額が常に品目別上位に定着し、海外文化との交流を進める原動力となったのである。

おわりに

この章では明治維新から半世紀の日本経済の近代化を支えた生糸産業に着目し、発展に尽くした人々の群像を、関東大震災の年の神戸港へと導かれる物語として追ってきた。

港が栄えるということは、キャッシュだけでなくその地に文物が、そして情報とそれを体化した人々が集まるということである。相模湾沖で発生した地震は遠く離れた神戸の地をも揺るがした。その影響は単なる取引拠点の移設と取引額の増大にとどまらず、有形無形の遺産を今なお伝えているに違いない。

地域に産業が芽生え、根付くためには、単に環境条件だけがあっても足りない。条件を活かすためには、但馬や丹波、丹後でそうであったように、他の地域と交わり、そこから知恵を持ち帰り、そしてその地で育てていくことが不可欠である。

そのことは産業や情報交流が未発達な段階に限ったことではない。近代化を迎え、人力・馬力とは桁違いのエネルギーを投入し、人だけでなく機械自体にも情報を埋め込む時代に入って、むしろその傾向は強まったと言えるのではないだろうか。

関東大震災前後のこの期間は、そうした新しい産業の在り方への移り変わりが急加速した時期だといえる。人々は主要産業である生糸を育て、地域の生糸を一流に押し上げるために知恵を絞り、連帯を作り、そして制度も作った。こうした生糸を巡る人々の営みは、大きなエネルギーの奔流となり、神戸港はそのエネルギーが流れつく先となったのである。港から見た後背地の産地側の充実と、港側での受け入れに向けた気運・体制づくりがあったからこそ、神戸港の生糸輸出は成ったのであろう。

これらの物語と深いかかわりを持つ象徴的建造物の神戸市立生糸検査所（旧館）は、平成二四年（二〇一二）にデザイン・クリエイティブセンター神戸の建物として新たなスタートを切った。このセンターは、神戸市が平成二〇年（二〇〇八）にユネスコ創造都市ネットワークのデザイン都市として認定されたことを契機に立ち上げられた。今から一〇〇年前、産業の担い手たる生糸の港がひとつの地震を契機に神戸にやって来て、そして今、現代の産業の担い手であるデザインがその場所に位置しているのだ。

関東大震災から一〇〇年の節目に、私たちは往時の人々の挑戦や試行錯誤、そしてそこにあったであろう数多の物語に思いを馳せながら、次の一〇〇年に向けた産業拠点として、この地を守り育てていきたいものである。

【注】

1　横浜税関『横浜港概覧』、一九三四年および、香川正俊「関東大震災復興期から日中戦争期における横浜港の港湾行政」『熊本学園大学経済論集』一七（一・二）、二〇一一年。

2　経済企画庁「第二章　序　明治以来の日本経済」『平成十二年経済財政報告』、二〇〇〇年。

3 堀田剛吉「養蚕業の立地条件に関する研究（第一報）：統計資料をもととして」『島根農科大学研究報告』一五（A－5）、一九六七年、八一一八頁。
4 養父市『大屋町史通史編』第六章大屋特輯編、二〇一〇年。
5 養父市観光協会ウェブサイト「ご存知ですか？養蚕でつながる富岡製糸場と養父市」、https://www.yabu-kankou.jp/tomioka、二〇二三年八月二十八日閲覧。
6 大野彰「幕末・明治初期に生じた生糸品質低下の原因とその解決策について」『人間文化研究』三八、二〇一七年、一二七一一六〇頁。
7 彦根市史編集委員会編『新修彦根市史』、二〇〇一―二〇一五年。
8 筒井正夫「県営彦根製糸場の誕生」『彦根論叢』（autumn－389）、二〇一一年。
9 養父市文化財ミニパンフ『富岡製糸場と養父市の養蚕』。
10 加藤伸行「明治中期における蚕糸業規制の導入と関西蚕糸業」『社会経済史学』七九（一）、二〇一三年、八五―九九頁。
11 富澤一弘「生糸直輸出奨励法の研究－星野長太郎と同法制定運動の展開　補論（上）」『高崎経済大学論集』四九（二）、二〇〇六年、四五―六二頁。
12 富澤一弘（前掲論文）。
13 有田博之・橋本禅・福与徳文・九鬼康彰「「町村是」における計画理念と技術」『農村計画学会誌』三三（三）、二〇一四年、三八〇―三八九頁。
14 木山実「前田正名の直輸商社保護育成論」『商学論究』五〇（一）、二〇〇二年、一〇五―一二〇頁。
15 富澤一弘（前掲論文）。

16 加藤信行（前掲論文）。

17 加藤信行（前掲論文）。

18 保田明子「【商社の原点】神戸を育てる（後編）」『日本貿易協会月報』六八三（二〇一〇年七―八月号）、六二―六三頁。

19 神戸商業会議所編『神戸港と生糸貿易』、神戸商業会議所、一九二三年。

20 京都府総合資料館編『京都府百年の年表：三農林水産業編』、一九七〇年。

著者紹介

坂倉孝雄（さかくらたかお）。博士（政策科学）。大手前大学准教授。専門は産業政策。経済産業省近畿経済産業局勤務。財務省近畿財務局、同志社大学技術・企業・国際競争力研究センター出向等を経て2020年から現職。

コラム

1923年から100年が経ち、私たちは先人たちの生み出してきた知識や仕組みの恩恵によって便利な生活を送ることができている。しかし個としての豊かさの追求の先には、地球の環境や資源の有限性もリアルに捉えられるようになった。近代化の過程は、ある面では個を確立していく過程と捉えることもできる。2011年、東日本大震災によって日本の産業は甚大な影響を受けた。その際に強く印象に残っているのは、企業・業界の隔てなく、一日も早く生産体制を復旧させようと黙々と役割を果たした人々の姿である。自然の圧倒的な力を前に、私たちは絆－即ち関係性－の大切さに立ち帰ったのだった。次の100年を思う時、こうした関係性を問う作業が重要になるのではないだろうか。人と人との間、人と社会との間、さらに人と自然との間。間のことを問い直すことなしに、私たちは今以上に善い生を追求できるようには思われない。

第四章

関東大震災と阪神間の建築

玉田浩之

はじめに

大正一二年（一九二三）九月一日午前一一時五八分、関東大震災が起こった。震源地は相模湾北西部で、マグニチュード七・九であった。被害は甚大で、首都圏を中心に全半壊となった建物が三七万棟以上にのぼり、一〇万五〇〇〇人以上死者を出した。昼食時の火の使用と重なったこともあり、倒壊した建物から次々と出火し、この季節の強風に煽られて都市域を火災が襲った。その一部は大規模火災となって、延々四六時間にわたって延焼が続き、死傷者を大きく増やす結果となった。

明治維新から関東大地震が起きるまでの東京は、防火性能の向上を目的とした「銀座レンガ街」の建設（明治三〜八年）、街路の拡幅や耐火的な建材の採用を求める「屋上制限令」（明治一二年）の発令、都市改造計画としての東京市区改正条例（明治二二年）の施行、都市計画法・市街地建築物法（大正八年）の施行などによって、江戸時代のような大規模火災を減らすための対策が取られていた。それにも拘らず、火災の同時多発は想定されていなかったため、被害が拡大した。その後、建築と都市の防災性能の低さが認識され、全国各地で建築の耐震化と都市の不燃化が進められていく。関東では、震災復興には鉄筋コンクリート造が良いとの結論に結びついていくが、関西はどうだったのか。本稿では、関東大震災と阪神間の建築の関わりをいくつかの事例を見ながら振り返ってみたい。

一．関東大震災と片岡安

関東大震災を経験した建築家の一人に工学博士の片岡安がいた。[2] 片岡は大正・昭和初期の関西建築界をリードした建築家であり、防災を強く意識し、改善に努めた都市計画家である。関東大震災と片岡の関係をみるにあたって、まずは、震災前後の彼の事績を振り返っておこう。

片岡は明治三〇年（一八九七）に東京帝国大学造家学科を卒業後、日本銀行の建築技師を経て、東京駅などを設計した辰野金吾とともに大阪で建築設計事務所を開き、大阪市中央公会堂の実施設計を担当した。彼は建築設計の活動と並行して、都市計画研究に熱心に取り組み、大正六年（一九一七）に「都市計画の科学的考察」という博士論文を東京大学に提出して工学博士を受けた。大正六年に関西建築協会（大正八年より日本建築協会に改称）を創立して初代会長となり、その後、人口の急増による都市問題が深刻になる中、都市と住宅を改良しようと力を注いだ。翌年、関西建築協会会長であった片岡は、都市研究会（現・都市計画協会）と日本建築学会と連携し、都市と建築に制限をかける法律を制定させようと政府と議会に働きかけた。当時、内務大臣であった後藤新平がこれに賛同し、大正九年（一九二〇）一月に都市計画法が施行され、同年一二月に市街地建築物法が施行されるに至る。片岡らの尽力により、これまで十分でなかった都市問題に対応する法規がようやく整えられることになったのである。

都市計画法は、都市の内部をその用途に応じて住宅・商業・工業などの地域に区分し、それぞれに建築の規模を定め、都市の環境を保持しつつ、安全性を高めようとするものである。一方、市街地建築物法は都市計画法で定めた用途地域や構造種別ごとに建物のあり方を規定し、建築物の高さや外壁の位置、開口部の面積にも制限を加え、住環境の改善や建築物の強度や防火性能を高めようとするものであった。これらがその後の震災復興の法的な基盤となった。

この二つの法規は大阪市のメインストリートである御堂筋の開通へと導く。南北を貫く幅の広い道路を整備することによって、水運のまちであった大阪を陸でつながる街へと変化させ、市街地建築物法の高さ制限により、御堂筋沿いの建物の高さが百尺に揃い、美しい街並みを形成することに成功した。[3]

さて、このように都市問題に強い関心を持って関西で活躍していた片岡が偶然にも東京出張時に関東大震災に遭遇した。地震発生時に東京の十五銀行本店で設計打ち合わせをしていた彼は「これは只事ではない」と感じたという。その後、東京中心部を歩き回って被災状況の調査をした。彼は、「東京中の建築技師の中で、私ほど震災を冷静に見てきたものはいないだろう」とのちに述懐している。[4] 帰阪した片岡は日本建築協会の機関紙にて震災の被害状況を次のように報告している。

「我東京横浜等の都市に於ける建築物が、地震と火災に耐えるものであったならば我々は何等の不安を生ずることなく、平然として其間に処することができたのであるが、古来吾人の用ひ来りし構造物は主として重力と風力に耐ゆることを目的として、その他の外力に対してはそれに抵抗しうる構造はあまり深く研究されなかったのである。故に一朝地殻の振動に出会するや、殆ど凡ての工作物は其安定を失して其構造に支障を生じ甚しきは倒壊土崩するに至り多くの人命さえも損じ、更に一方火災の襲ふところとなりて遂に今回の

如く驚くべき大災害を生じたのである。」（中略）

片岡は耐震・耐火建築の研究が十分でなかったことを悔やんだ。地震の前に整備された市街地建築物法には耐震に関する規定が十分でなかったため、被害が大きくなったと考えたのである。片岡は構造に注目して被害状況を次のように述べる。

「今回の地震が起こしたる東京下町邊に於ける最大加速度は毎秒一千ミリを少し超へたにすぎないものであったと推定されて居るにも拘らず、それ等の期待を裏切って二三の鉄骨煉瓦造の大建築に可なりの破損があったことは我々専門家の最も注意すべき點である。而して鉄筋コンクリート構造の対象建築物の大多数が今回の地震に対して全く安全であったことは其等の設計者の期待を確実に証明したものと見ねばならぬ。[5]」

関東大震災は木造建築が火災に弱いことを改めて示した。明治期に導入を進めていたレンガ造や石造といった組積造も地震に弱く、新しい構造技術の一つである鉄骨造も火災に弱いことが判明した。片岡は鉄骨レンガ造の建築にも破損がみられるとし、期待するほどには地震に強くないと指摘している。今後、都市部の建築を造るときは「耐震耐火の堅固なる建築物」にするべきだと考え、鉄筋コンクリート造に注目したのである。

この建築構造に対する見解は、先の建築法規制定に向けて協働した佐野利器博士と共通している。佐野は「家屋耐震構造論」で工学博士の学位を得ており、鉄筋コンクリート造で自宅を造ったことで知られる。東京帝国大学教授を務めながら、大震災後に帝都復興員理事と東京市建築局長を務め、新しく建てられる学校、病院、庁舎を鉄筋コンクリート造で建設するよう指示し、都市と建築の安全性を高めようとした。[6]

また、昭和五年（一九三〇）に片岡は都市計画法上の課題にも言及している。震災が起こる前から市街地建築物法や都市計画法にて都市部に防火地区に指定し、都市部の防火地区内に建築する場合には耐震耐火構造にするという規定を整えていたにも拘らず、地区内の建築構造の更新は遅々として進まなかったため、その効力は十分に発揮されなかった。片岡はこれを遺憾とし、安全な都市の確立を急ぐべきだと訴えた。[7] さらには、都市の建築物を耐震耐火構造にすることが現代文化の進展に絶対必要な条件だと強調した。

片岡が関東大震災後に設計した「芦屋仏教会館」（昭和二年）（図1）は耐震性の確保を強く意識していたためか、阪神・淡路大震災の時も大きな被害はみられなかったという。

図１　芦屋仏教会館
（筆者撮影）

二．芝川又四郎の試み

関東大震災は建築の耐震化と不燃化という課題を突きつけた。片岡は関西においても建築の耐震化・耐火化は急務と考え、雑誌記事や講演会等でその意義を訴え続けた。彼の言葉を聞いて影響を受けた人は少なくなかった。

そのうちのひとりが、江戸時代から唐物貿易を営む豪商芝川家の六代目当主、芝川又四郎（一八八三―一九七〇）である。

大正一二年に家督を継いだ又四郎は土地経営に力を入れた。よく知られていることだが、又四郎は父・又右衛門が開いた果樹園「甲東園」の土地を阪神急行電鉄の小林一三に譲渡し、関西学院の上ヶ原キャンパス移転に尽力した人物である。彼は関西学院に土地を売却する際、ベーツ院長にシアトルのワシントン大学のようにいっさい煉瓦の塀をつくらないようにと要望を出した。その結果、地域に開かれた大学キャンパスが実現した。[8] 又四郎の見識により甲東園に美しい街並みが生まれることになったが、この頃の彼の関心は災害への備えであった。当時を次のように回想する。

「何とかして店の建物を不燃性のものに建てかえようと考えていたものの、なかなか決心がつかず、また鉄筋コンクリートについてもまだ知識がありません。そんな私に、鉄筋コンクリートが耐火であり、耐震であることをはっきり教えてくれたのが、大阪倶楽部での片岡安博士のスピーチであり、その後の先生の指導です。博士が「地震も恐ろしいが、大阪ではむしろ防火を第一に考えて、事務所だけは鉄筋コンクリートで確かに建てておかねばならぬ」と言われて、私の決心が固まりました。[9]」

又四郎は当時としては数少ない鉄筋コンクリート造を用いた大阪中央公会堂を片岡に案内してもらい、自社ビル

図2　芝川ビル、昭和2年（1927）
（筆者撮影）

の建設を決意したという。又四郎は火事は起こりうるものとして、木造社屋の火元を点検する社内規定に従い、火事が起きた時のために避難先を準備するなど、用心を重ねていたことから、自社ビルを耐火建築にすることは彼の悲願でもあったといえる。また、関東大震災の翌年に自ら被災地を訪ね、ある銀行の窓に取り付けられた頑丈な鉄扉が建物の延焼を防いだことを知り、事務所に鉄扉を取り付けることを思いつく。こうして芝川家の店舗・屋敷があった場所に、耐震耐火に配慮した鉄筋コンクリート造の「芝川ビルディング」（昭和二年）が建てられることになった（図2）。基本設計及び構造設計は澁谷五郎、意匠設計は本間乙彦、施工は竹中組が担当した。頑丈に造っていたおかげで、戦争中にも焼夷弾が直撃したものの大きな被害は受けず、すぐに仕事を再開することができたという。

三．鉄筋コンクリートブロックの家

又四郎の耐震・耐火建築に対する思いは人一倍強かった。実は芝川ビルを建設する二年前にも兵庫県武庫郡住吉小原田に鉄筋コンクリート造の住宅を建てている。正確には鉄筋コンクリートブロック造であるが、これも耐震・耐火の建築を造ろうと考えてのことだった。[10] 設計は建築家の中村鎮

図３　芝川又四郎邸、大正14年（1925）
（千島土地株式会社所蔵）

図４・図５　芝川邸・中村式コンクリートブロックの施工の様子
（千島土地株式会社所蔵）

（一八九〇―一九三三）に依頼した。又四郎と中村は上海視察旅行の宿泊先で出会い、帰国する船の中で、中村が鉄筋コンクリートブロック造を発明したことを知り、それを面白いと思って設計を依頼したという。（図3〜6）

中村鎮は大正三年に早稲田大学建築科を卒業し、大正七年五月から翌年九月まで東洋コンクリート工業株式会社に技師として在籍し、その後は大正八年九月から翌年五月まで日本セメント工業株式会社に移って、技師長として活躍した人物である。コンクリートの可能性に魅せられた中村は研究を重ね、大正八年に「中村式鉄筋コンクリートブロック造」（図7）の特許を申請し、特許権が得られた大正一〇年に中村建築研究所を開設して、自ら考案した構法の普及に努めた。[11]この頃は大正八年の市街地建築物法・都市計画法の制定によって、安価な耐火建築の需要が認識され始めた時期にあたり、「鉄筋コンクリートブロック造」の考案が相次いでいた。「鉄筋コンクリートブロック造」の特許出願や実用新案の出願の数が大正八年から昭和一〇年にかけて増えていることがそのこと

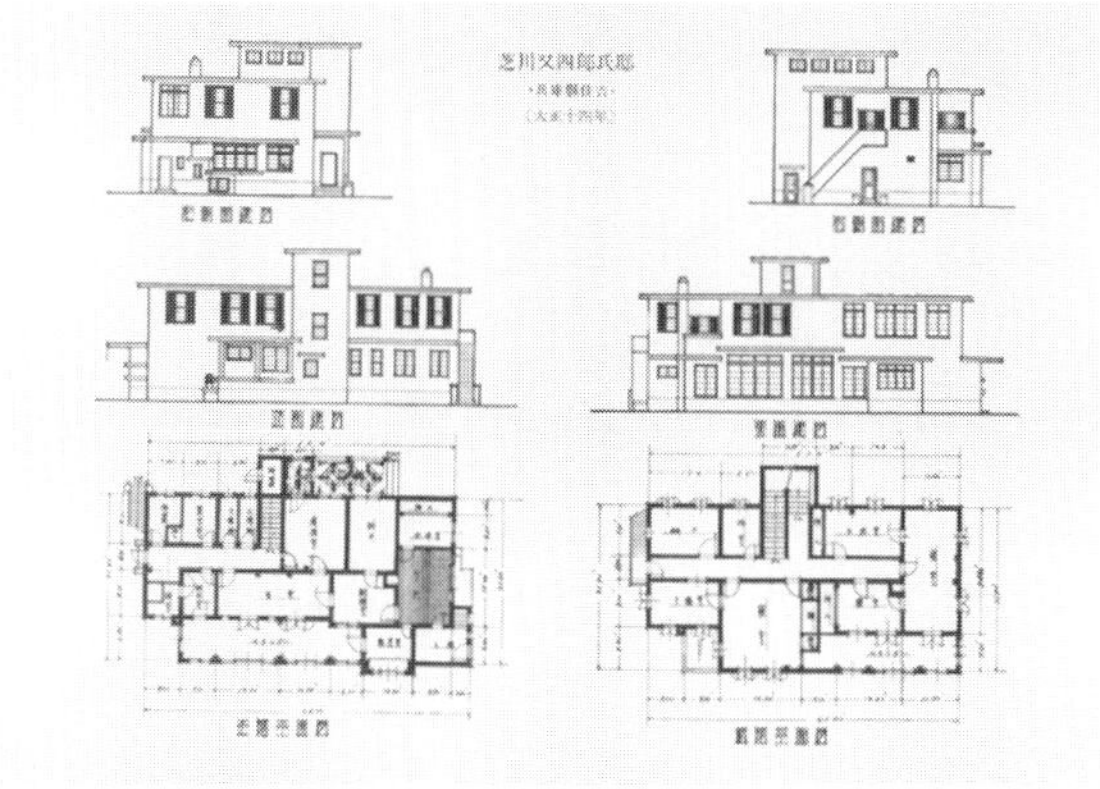

図６　芝川又四郎邸
（出典『中村鎮遺稿』）

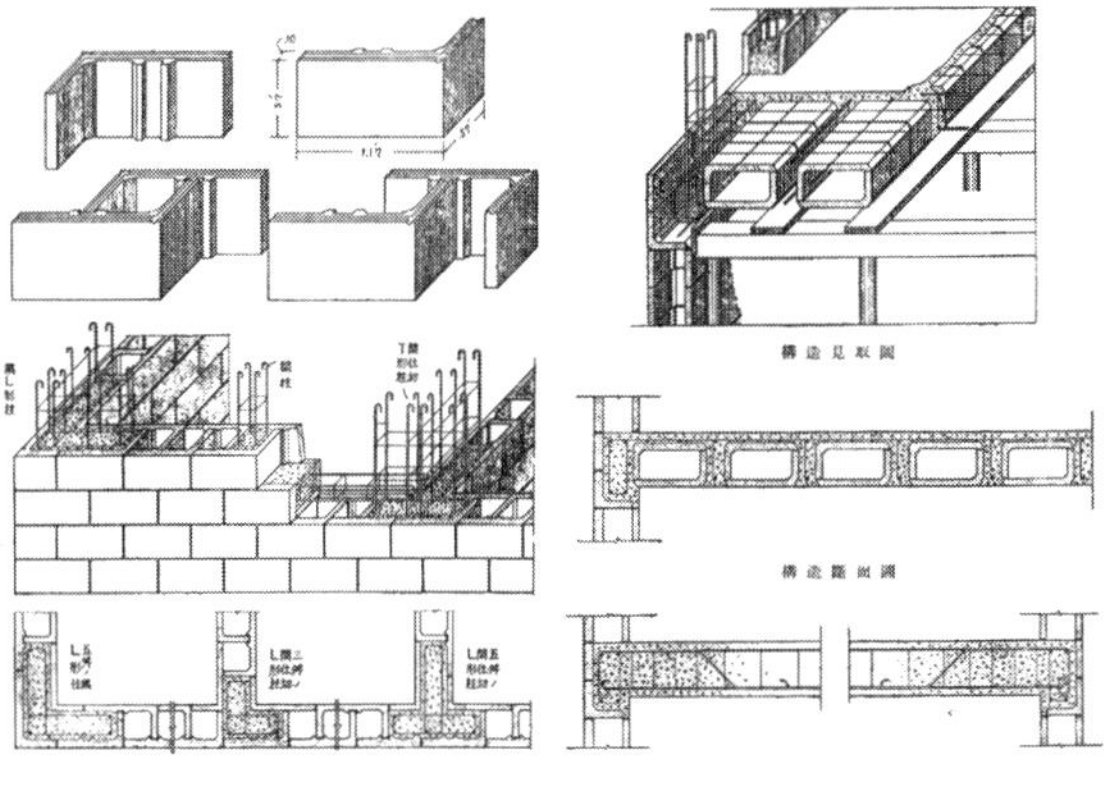

図７　中村式鉄筋コンクリートブロック構造
（出典『中村鎮遺稿』）

を物語っている。[12] その中でも「中村式鉄筋コンクリートブロック造」は知名度が高く、北海道から沖縄まで全国各地で建設された。

『中村鎮遺稿』によると、中村式鉄筋コンクリートブロック造の建築は倉庫や塀などを含め、一一九例が建設されている。中村は新たに考案した構法を単なるコンクリートブロック造とするのではなく、①軽くて強度を持つ建築物を造ること、②簡便に設計施工できること、③建築コストを抑えることを目標とした。[13] 実際、この鉄筋コンクリートブロック造はコンクリートブロック自体が型枠を兼ねているため、通常の木製の型枠が不要で、人件費や木材費を節約することができた。合理性や機能性を求めるモダニズム建築を体現しており、時代を先取りしていたが、この構法で最も注目されたのは耐震性、耐火性にあった。関東で建てられていた中村が設計したコンクリートブロック建築が関東大震災によって倒壊していなかったことから一層の注目を集めた。この構法に関心を示したのが建築家の本野精吾であった。彼はこの構法を用いて、自邸(大正一三年)や鶴巻鶴一邸(昭和四年)を設計した。コンクリートブロックを剥き出しにして壁面を構成するところに特徴があるが、この点は芝川又四郎邸と共通している。

同じ頃、中村鎮は神戸の日本基督教団須磨教会(大正一二年)をコンクリートブロック造で建設している。こちらも関東大震災後に「いかなる地震や大火災があっても影響を受けない絶対安全なものにしたい」と考え、耐震耐火の構造にすることにしたという。[14]

四.鉄筋コンクリート造による新造形

関東大震災後、建築構造は鉄筋コンクリート造が良いと結論づけられ、震災復興事業も鉄筋コンクリート造が推奨された。庁舎や病院、学校などを鉄筋コンクリート造で建設することが一般化し、何よりも建築の安全性が重視された。この時期に日本建築学会が「構造強度計算基準」（大正一三年）や「コンクリート及び鉄筋コンクリート造標準仕様書」（昭和四年）、「鉄筋混凝土計算基準」（昭和八年）を取りまとめて、設計・施工の標準的な方法を定めたことも鉄筋コンクリート造の導入を後押しした。こうして技術と理論が確立したことによって鉄筋コンクリート造が全国に普及していくことになるが、建築家たちの中には、鉄筋コンクリート造による新しい表現に関心を寄せるものも少なくなかった。

日本において前衛建築が模索される中、鉄筋コンクリート造に可能性を見出していた建築家のひとりがアントニン・レーモンドである。レーモンドは大正八年にフランク・ロイド・ライトとともに来日して帝国ホテルの現場監督として働き、その際に関東大震災に遭遇した。帝国ホテルは鉄筋コンクリート造だったため、多少の被害はあったものの深刻なダメージは見られなかった。同時期にレーモンドが設計していた星商業学校（大正一一年）も鉄筋コンクリート造で工事中だったが、被害はほとんど受けなかった。これ以降、レーモンドは鉄筋コンクリート造の技術に対する信頼を深め、その可能性をさらに追求していったようだ。

翌年、レーモンドは関東大震災で倒壊した聖心女子学院本館を建て替えることになったが、その際にも鉄筋コンクリート造を採用した。続く、昭和二年に宝塚の小林聖心女子学院の校舎でも鉄筋コンクリート造を採用している（図8）。小林聖心女子学院は住吉聖心女子学院を前身とする学校である。大正一二年に住吉村鴨子ヶ原のドイ

図8　小林聖心女子学院（筆者撮影）

ツ人の別荘を借りて開校したが、その三年後に宝塚に移転した。学院創設に携わった修道女のマザー・マイヤーは関東大震災の被災状況をよく知っていたため、校舎を建てるなら大地震に耐える構造にしたいと考えていた。レーモンドは学院からの要望を受けて、鉄筋コンクリート造を採用した。平面は様式主義的なシンメトリーの構成であるが、立面は階が上がるごとにセットバックし奥行きを感じさせる構成になっている。建物の開口部やコーナー部分にデ・スティル風の曲線が用いられるなど、表面にさまざまな操作を施している。コンクリートの持つ量塊性や可塑性に注目して、新しい自由な造形を試みていたことが窺える。

五. 公共建築へ

大正末期から昭和初期にかけて鉄筋コンクリート造建築は様式建築に依拠した造形も見られたが、新しい造形的な探究も続けられた。例えば、芝川又四郎が住まいを構えた住吉の住宅地には、居住者たちの寄付によって甲南病院（木下建築事務所（木下益次郎）設計、昭和九年）や白鶴美術館（竹中工務店設計、昭和九年）などが建てられたが、いずれも鉄筋コンクリート造である。

灘五郷の酒造家たちが建てた公的な建築物にも鉄筋コンクリート造が採用された。灘中学校（宗兵蔵設計、昭和四年）は嘉納治郎右衛門（菊正宗）、嘉納治兵衛（白鶴）、山邑太左衛門（櫻正宗）によって設立された。甲陽中学校（竹中工務店設計、昭和四年）は辰馬本家（白鹿）が財団を作って経営に入る中で建設された。西宮市庁舎や図書館（古塚正治設計、昭和三年）は辰馬本家の寄付により建てられた。御影公会堂（昭和八年）は白鶴酒造七代目社長嘉納治兵衛氏より寄付を受け建設された。いずれも鉄筋コンクリート造で、自由な表現が試みられている。

酒造家の住宅も同様である。フランク・ロイド・ライトが大正一三年に設計した山邑太左衛門の別邸、そして酒造家から漬けもの業に業態を拡張して成功した高嶋平介の邸宅（昭和五年）も鉄筋コンクリート造だった。辰馬本家酒造は、清酒の瓶詰めなどが機械化し、酒蔵の近代化が進んだことから、鉄筋コンクリート造のモダンな酒蔵「白鹿館」（昭和一一年）を建設している。

神戸市の魚崎小学校（清水栄二設計、昭和四年）や芦屋市の山手小学校（昭和八年）などの公立学校にも鉄筋コンクリート造が導入され、表現主義やアール・デコ、インターナショナル・スタイルなど前衛的な造形表現が試みられた。前掲の白鶴美術館は鉄筋コンクリート造に和風の構造表現を試みているのも興味深い。

おわりに

阪神間の人々にとって関東大震災は遥か離れた地での出来事であったが、その被害の甚大さを知った人たちは被害を防ごうと、建築の耐震化と耐火化を推進した。片岡安は建築家・都市計画家として災害に強い都市へと変えようと法律の改正に奔走し、震災後は関西で鉄筋コンクリート造の普及に力を入れた。大正末期から昭和初期にかけては全国的に鉄筋コンクリート構造が普及した時代であったが、海外の建築情報が雑誌を通して流れ込んだ時代でもあり、その過程で鉄筋コンクリート造の特徴を活かした新造形が試みられるようになった。阪神間における鉄筋コンクリート造建築の広がり方をみるとき、それはモダニズム建築の普及と重なってみえてくる。ここで取り上げた事例はほんの一部に過ぎないが、関東大震災は阪神間においてモダニズム建築を推進する契機の一つであったと言えるだろう。

謝辞：芝川家の資料閲覧に関しては千島土地株式会社の協力を得ました。記して感謝の意を表します。

【注】

1 「一九二三 関東大震災報告書―第一編図六：芝川又四郎邸（出典『中村鎮遺稿』）」中央防災会議災害教訓の継承に関する専門調査会、二〇〇六年七月。

2 染川藍泉『震災日誌』日本評論社、一九八一年。

3 第六代目大阪市長の池上四郎が都市計画街路の第一号として計画し、七代市長関一がこの計画を引きつぎ実現させた。

4 芝川又四郎『小さな歩み』、一九六九年、一五七頁。

5 片岡安「関東大震災の被害に就いて」『建築と社会』日本建築協会一九二三年一〇月号、三―四頁。

6 関東大震災の復興事業で、鉄筋コンクリート造で再建された小学校は「復興小学校」と呼ばれる。復興事業にあたり東京市は、耐震化・不燃化のため全面的に鉄筋コンクリート造を採用することに決定したが、これを判断したのが当時東京市建築局長だった佐野利器であった。

7 片岡安「耐震耐火建築の普及」『建築と社会』日本建築協会一九三〇年九月号、一六頁。

8 芝川又四郎『小さな歩み』、一九六九年、一三四頁。

9 芝川又四郎『小さな歩み』、一九六九年、一五七頁。大阪倶楽部は旧館が大正一一年（一九二二）に火災で焼失し、大正一三年（一九二四）に片岡建築事務所出身の安井武雄の設計により鉄筋コンクリート造で建て替えられた。建て替えを検討している最中に関東大震災が起きたため、防災を重視して設計が見直された。

10 芝川又四郎『小さな歩み』、一九六九年。二〇〇五年の千島土地株式会社の聞き取り調査によれば、当時耐震耐火のことが意識して構法が選択されたようである。

11 特許件名「中空配筋混用コンクリートブロック築造物」、出願日大正八年（一九一九）八月三〇日、登録日は大正一〇年（一九二一）九月一九日、特許番号三九九七六号。

12 藤井輝恵「大正・昭和初期の鉄筋コンクリートブロックについて」『日本建築学会大会学術講演梗概集F−2.建築歴史、意匠』一九九七年、一一一一二頁。

13 中村音羽編『中村鎮遺稿』、中村鎮遺稿刊行会、一九三六年、二〇九頁。

14 藤井輝恵、馬場明生、守明子、長谷川直司、渡辺光良「日本基督教団須磨教会会堂解体調査：その一須磨教会と「鎮ブロック」について」『日本建築学会大会学術講演梗概集F−2.建築歴史、意匠』、一九九八年、四二一―四二二頁。

著者紹介

玉田浩之（たまだひろゆき）。京都工芸繊維大学大学院工芸科学研究科博士後期課程修了、博士（学術）。大手前大学建築＆芸術学部教授。専門は近代建築史。日米の建築文化交流や都市形成史に関心があり、現在は占領期日本の都市空間について研究。並行して、近現代建築の再評価や利活用に関する調査・研究に取り組む。一般社団法人リビングヘリテージデザイン理事。

コラム

歴史的建築の保存再生は難しい。しばしば老朽化による耐震性能の不足を理由に取り壊される。確かに現行の法規に照らしてみると、要求される基準を満たしていないかもしれない。しかし、それは耐震基準が大震災を経験するたびに見直されてきた結果であって、建物の価値が損なわれているからではない。適切に補修や補強をすることで、安全性を確保するとともに建物の歴史的・文化的価値を守ることができる。

では、なぜ建物の歴史的・文化的価値を守ろうとするのか。建物が長く存続すれば都市が存続していることが理解できるし、人間の生活の営みが継続していることが理解できる。建物が無くなれば、そこに何があったのか思い出すことすら難しくなり、都市の記憶を失うことにつながる。われわれは先人が築き上げてきた建物が無造作に失われることのないように注意深く見守っていくべきではないか。阪神間は人間の営みの蓄積によって特色ある文化を形成した都市である。都市の文化を尊重しながら、古い建物の価値を再評価し、再生する努力を続けたい。

第五章

阪神間モダニズムと関東大震災
～スポーツ界への影響～

髙木應光

はじめに

「阪神間モダニズム」という言葉を耳にするようになって、およそ二五年。その契機となったのは、平成九年（一九九七）一〇～一二月にかけて開催された「阪神間モダニズム展」であった。この催しは、阪神間の博物館や美術館、四館が共通のテーマ「阪神間モダニズム」の下、各館の特徴を活かし四館が同時開催したものである。この展覧会を通して人々は、「阪神間モダニズム」の実態を知ることとなった。その結果、阪神間に蓄積された文化の厚みを改めて感得したのだった。また、阪神間に住む人々にとっては、自らのアイデンティティを確認することにもつながった。

ところで前述の展覧会は、もともと平成七年（一九九五）開催予定であったが、阪神・淡路大震災（平成七年・一月一七日）のため二年半ほど延期・開催されたものであった。関西と関東、地域、時代の違いこそあれ阪神・淡路大震災の経験は、関東大震災（大正一二年）への認識を助けるものであった。

この章では「阪神間モダニズム」を考察するだけではなく、関東大震災が神戸～阪神間～大阪のスポーツに与えた影響について論考するものである。

一.神戸〜阪神間〜大阪

明治政府は「富国強兵」「殖産興業」政策の下、日本初の新橋—横浜間（明治五年）に次いで二番目、明治七年（一八七四）大阪—神戸間に鉄道を走らせた。貿易港と首都、同じく貿易港と第二の大都市、即ち「殖産興業」の意図がここに現れている。大阪の本格的な殖産興業化は、明治一五年（一八八二）設立の大阪紡績（現東洋紡）に始まる。やがて大阪は、英国の綿工業に迫り、「東洋のマンチェスター」と呼ばれるほどに成長する。しかし、それに伴い煤煙による大気汚染、河川の汚濁など今日でいう公害が、悪化の一途を辿り大阪市内での生活は酷い状況になって行く。富裕層では、早くも大阪市南部の帝塚山等へ居を移す人々もあったが、多くは風光明媚な阪神間へ転居した。

阪神間に於ける官営鉄道（現ＪＲ）の「ステンショ」（駅：当時の呼び方）は、神崎（現尼崎）、西ノ宮、住吉のわずか三駅。この中で住宅地として最初に開発が進んだのは、住吉駅の山側（北側）。そこは高燥で南面し日当たりの良い、住宅地に適した住吉川の扇状地であった。

この地に初めて邸宅を設けたのは、朝日新聞社主・村山龍平（六〇〇〇坪超／一万九八〇〇平方メートル超）で、明治三三年（一九〇〇）のことだった。続いて大林義雄（大林組）、武田長兵衛（武田製薬）、野村徳七（野村財閥）、住友吉左衛門（住友財閥本家）、弘世《ひろせ》助三郎（日本生命）、平生釟三郎（東京海上）、安宅弥吉（安宅産業）、久原房之助（久原財閥）など財界人らが競って邸宅・別邸を設けた。彼らが乗る大阪・神戸への列車は、二等（現グリーン車）が混み合い三等（普通車）はガラ空きだったという。

次いで走ったのは阪神電気軌道（現阪神電車）で、明治三八年（一九〇五）のことだった。阪神電車は、官鉄とは全く逆の経営方針で、阪神間の村々を縫うように走り、客を小まめに拾った。三番目は大正九年（一九二〇）の阪神急行電鉄・神戸線（現阪急電車）で、小林一三自らが「綺麗で早うてガラアキで、眺めの素敵によい涼しい電車」と宣伝文句を作った。阪神間では、最も六甲山に近い山麓を走りスピードを売り物にした。また、昭和二年（一九二七）には、阪神国道を「チンチン電車」（国道電車：阪神経営）も走った。計四本、阪神国道を含めると、五本もの交通機関が阪神間を走ったのだった。

ところで、六甲の山麓から海岸線まで僅か二キロメートルほどでしかない。この地に計五本もの交通機関に対し巨額な投資が行われたのは、将来にわたってこの地の発展が見込まれたからに他ならない。事実この地では、後世「阪神間モダニズム」と呼ばれるライフスタイルが花開いた。

二．阪神間モダニズムの諸相

大阪や神戸からの財界人・富裕層を迎えた阪神間に、いち早くモダンなライフスタイルが展開されていくことになる。ところで「阪神間モダニズム」は、次のように分析できる。即ち、〈上方文化〉×〈神戸からの欧米文化〉＝「阪神間モダニズム」。

この時代、『ファッション』と題した情報誌が、芦屋で発刊されている。母親がアドバイスできない洋装などの知識・テクニックを示した。娘たちはコスメチックを使いドレスアップしてホテルでのパーティーに急いだ。当時、神戸・阪神間ほど「社交だおれ」のエリアはなかったという。

神戸山手に在ったトーア・ホテルと海岸通のオリエンタル・ホテル（設計：G・Dラランデ）は、シティー・ホテルの代表だった。リゾートホテルは、宝塚ホテル（古塚正治）や六甲山ホテル（同）、甲子園ホテル（遠藤新）、夙川に在った月極のパインクレスト・ホテル等。建築家ヴォーリズによる神戸女学院や関西学院などスパニッシュ様式が、阪神間に全国の三分の一も存在したという。また、神戸の旧居留地には、元ニューヨーク・シティーバンク（W・M・ヴォーリズ）、商船三井ビル（渡辺節）、元チャータード・バンク（J・H・モーガン）、神港ビル（木下益次郎）、神戸市立博物館（桜井小太郎）など、この時代を象徴する建築物が、現在も林立している。芦屋の旧山邑邸（現ヨドコウ迎賓館）は、旧帝国ホテルを設計したF・L・ライトの作品だった。

亡命ロシア人A・ルーチンを中心とした音楽家たちが集った深江（芦屋）文化村。ここへ通ったのが朝比奈隆であり、服部良一だった。始まって間もない宝塚歌劇の指揮をしたのがY・ラスカで、ウェクスラーは、やがてベルリン・フィルを指揮する貴志康一（旧制甲南高校生）にヴァイオリンの手ほどきをした。戦後のことだが、湯川秀樹のノーベル賞晩餐会（昭和二四年）で貴志康一・作曲の「竹取物語」が演奏されている。貴志康一の友人・音楽家レオ・シロタの娘ベアテは、芦屋の海で波と戯れた。やがて彼女はGHQの一員として再来日し、憲法二四条「男女平等」の原案を書いた。

「裸婦の小出」とも言われた小出楢重は、大阪でアトリエを持ったが、大気汚染の下では描けないと芦屋に転居。「具体」に象徴される抽象画家たちをリードした吉原治良（吉原製油）もいた。

当時カメラは、家一軒を購入できるほどの超高額品。これらを自在に操り、カメラによる芸術を求めたクループが、「芦屋カメラ倶楽部」。そのリーダーは、中山岩太やハナヤ勘兵衛らだった。

東西の美術・工芸品を蒐集し、しかも展示室を造り人々に公開した趣味人もいた。嘉納治兵衛の白鶴美術館、山口吉郎兵衛の滴翠美術館、小林一三の逸翁美術館、村山龍平の香雪美術館など、その代表である。

現在、神戸・阪神間には、他都市の一・五〜二倍もの洋菓子店が軒を並べる。それは「阪神間モダニズム」時代からの伝統である。第一次大戦（大正三〜七年）や関東大震災（大正一二年）を機に神戸には、ユーハイムやフロインドリーブ、モロゾフ、ゴンチャロフなど洋菓子店が開業する。彼らは欧州出身の戦時捕虜や震災被災者だった。モロゾフがバレンタイン・チョコレートを日本で初めて売出し、ゴンチャロフが日本で初めてウィスキーボンボンを作った。

「洋食」と呼ばれ日本化した欧風料理。コロッケ、豚カツ、オムライス、カレーライス、スパゲッティ等が、阪神間モダニズムの時代になって一気に大衆化する。中でも代表は、カレーライスだろう。阪急百貨店・大食堂のカレーライスは、その好例である。中にはライスのみを注文し、無料の福神漬けとウスターソースで「ソーライス」を食べる若者も多々いたという。[2] ソースもまた、この阪神間モダニズム時代に普及した洋風調味料だった。一方、大阪・神戸で働く若者も、故郷の中等学校チームを応援し、甲子園球場（開場：大正一三年）で食べたカレーライスを地方に広めた。

関東大震災を機に関西に転居した作家の代表は、直木三十五と谷崎潤一郎であろう。直木は大阪・東区安堂寺町の生まれで、中山太陽堂（クラブ化粧品）の広報会社・プラトン社（大阪・谷町）に勤めた。一方、谷崎は震災時、箱根で避暑生活を送っていた。しかし、帰京することもままならず、阪神間に腰を落着けた。その後、昭和一九年（一九四四）熱海に転居するまで、計一三回の引越しを繰返しつつ二一年間、阪神間で執筆に取組んだ。代表作『細雪』は、ここ阪神間での作品である。また、神戸トアロードの洋食店の常連となり、名店「ハイウェイ」の名付け親ともなった。

忘れてならないものにボランティアがある。関西に於ける「ボランティアの祖」は、Ａ・Ｃ・シムと言えるだろう。彼はスポーツクラブ、神戸レガッタ&アスレチック・クラブ（KR&AC）の創設者でもあった。明治一八年（一八八五）の大阪大洪水や濃尾大地震（明治二四年）に駆けつけた。明治二九年（一八九六）には東日本大震災（平成二三年）クラスの三陸大津波が起こり、この時も彼は上海・香港・神戸の欧米人を代表して岩手に駆けつけた。現在の金額でおよそ四億円もの現金や支援物資を持参してのことだった。神戸・東遊園地にA・C・シムの顕彰碑が立つのは、スポーツだけでなくボランティアに依るものだった。関東大震災、この時KR&ACでは、横浜からの多数の欧米人を受け入れ体育館を避難所として提供した。これこそA・C・シム以来の伝統に根ざすものだった。救援委員会議長D・H・ジェームスは、四〇〇名にも及ぶロシア人のために一八日間の宿舎を確保。[3] また、アメリカ等への移住を希望する人々の世話も焼いた。具体的な援助、即ち宿舎・食料・衣料・風呂についてもKR&ACのメンバーが、ボランティア精神を発揮し解決した。

しかしながら阪神・淡路大震災の平成七年（一九九五）を、「ボランティア元年」と呼ぶように、日本人社会に「ボランティア」が根付くには、関東大震災以降七〇年以上もの歳月を要した。

以上、「阪神間モダニズム」の諸相を記述したが、その一翼を担ったスポーツについて以下に論述すると共に、関東大震災との関係・影響についても考察する。

三．阪神間モダニズムとスポーツ

・盛んだったボート

明治三四年（一九〇一）ＫＲ＆Ａのボートハウスが、敏馬《みぬめ》に移転した（現ＨＡＴ神戸附近）。これを追うように、神戸高商や関学、御影師範などが近くに艇庫を並べた。校内大会はもちろん、ＫＲ＆ＡＣとの定期戦や学校対校戦など、敏馬の浜は応援団や観衆でごった返した。またＫＲ＆ＡＣのボート・クルーは、近くは大阪・中之島へ、遠くは琵琶湖へも遠征し雄姿を見せた。また、敏馬の浜で遠来の上海チームと競漕したのは、昭和三年（一九二八）のことだった。

・日本初のクロール

神戸生れのＥ・Ｗ・スレードが、ニューヨークへ留学。大正五年（一九一六）学んだ新泳法・クロールをＫＲ＆ＡＣへ持ち帰った。これを聞いた茨木中学（日本初学校プール建設）[4]の選手たちが、敏馬のＫＲ＆ＡＣプールでクロールを学び、やがて全国に普及して行った。昭和三年（一九二八）アムステルダム五輪一〇〇メートル銅の高石勝男（後水泳連盟会長）も、茨木中学で育った一人。この時、金メダルのワイズミュラー（後映画『ターザン』の主役）が、来日しＫＲ＆ＡＣプールでクロールを泳いで見せた。四年後、ロサンゼルス五輪（昭和七年）日本男子は六種目中五種目に金メダルを獲得。その大活躍に世界が驚いた。この原点は、ＫＲ＆ＡＣ敏馬プールにあると言っても過言ではない。

・六甲登山

一五〇万人が暮らす港都・神戸。こんな神戸の背山に一〇〇〇メートル近い六甲山がそびえている。海と山がこれほど近い大都市も珍しい。明治期、神戸を訪れた欧米人たちが、この地を最適なリゾート地と感じたのも頷ける。

初めて六甲山に登った欧米人は、W・ガウランド（大阪造幣局）とE・サトウ（英外交官）ら三名だった。時に明治六年（一八七三）のことだった。

やがての六甲山開発は、初の山荘やゴルフ場を設けたA・H・グルーム（KR&AC創設メンバー）によるものだった。ゴルフと登山好きのJ・P・ワーレン（Kobe Golf Club）やH・E・ドーント（KGC）たちは、自費で登山道整備を行った。彼らの活動に感銘を受け、塚本永尭（前住友理事）が明治四三年（一九一〇）神戸草鞋《わらじ》会を結成。やがて神戸徒歩会と改称するが多くの欧米人も入会、約一五〇名中三分の一を占めた。まさに国際港都・神戸らしい組織だった。もちろんB・エブラハムらKR&ACメンバーも入会している。

神戸徒歩会の一人、藤木九三（朝日新聞・神戸）も忘れ難い。藤木らは、より高い山を目指すべくRock Climbing Club（RCC）を立上げ、岩登り技術の向上に努めた。その練習場が、芦屋の「ロックガーデン」[5]だった。大正一三年（一九二四）大阪に日本初の登山スキー専門店「好日山荘」が、誕生したのもこの頃だった。六甲山を中心とする登山ブームは、神戸・阪神間におよそ一五〇もの登山グループを誕生させた。また、春・秋の遠足や耐寒登山など学校行事も生まれ、甲南小学校など毎月登山をする学校も現れた。

早朝、散歩がてらに背山を登る欧米人もいた。彼らを見倣って再度山や布引、一王山、保久良山などへ「毎日登山」をする人々も増えていった。中には連続一万回を超える人が何百人もいるという。こんな神戸・阪神間ならではの健康法が、根付いている大都会も珍しい。

・日本のゴルフ黎明期

日本初のゴルフ場は、明治三四年（一九〇一）A・H・グルームが、六甲山に造った私的なコース（四ホール）だった。二年後、これを拡充・クラブ化し、神戸ゴルフ倶楽部（KGC）が誕生する。この倶楽部のメンバーW・J・ロビンソンが、「冬でもゴルフがしたい」と、翌年（明治三七年）自費で横屋ゴルフ・アソシエーションを造った（現魚崎中学辺り）。これが日本で二番目のゴルフ場だった。一〇年後、西宮・鳴尾浜の競馬場跡地に、鳴尾ゴルフ・アソシエーションとして移転。その後、紆余曲折もあったが大正九年（一九二〇）初夏、鈴木商店（現双日など）の社員やクレーン兄弟（KR&AC）らで再出発したのが、鳴尾ゴルフ倶楽部だった。同年秋、南郷三郎（日綿）が主導して舞子カントリー倶楽部が誕生。また広岡久右衛門（大同生命）らが中心となって茨木カンツリー倶楽部を誕生させた。それは関東大震災の年（大正一二年）だった。

旧摂津の国、神戸〜阪神間〜大阪は、日本のゴルフ先進地だったのである。

・テニス

神戸の欧米人が本格的にテニスを始めたのは、明治一八年（一八八五）頃のことで、彼らが創設したのがKobe Loan Tennis Club（KLTC）だった。だが、彼らの多くがKR&ACにも所属していたので会合や懇親会などはKR&ACで行われた。その四面のテニスコートは、現在の神戸市役所の位置に在ったが、昭和三〇年（一九五五）現在の磯上公園に移転した。

日清・日露戦争に勝利した日本は、第一次大戦（一九一四〜一八年）で「漁夫の利」を占め、貿易も急伸、経済面でも国際化が進んだ。並行して、テニスの熊谷一弥（慶應OB）や清水善造（東京高商OB）らが、五輪、ウインブルドン、デビス杯などで活躍。KLTCやKR&ACからも招待され、模範試合をして見せた。当時、阪神間ではテニスがブームとなり松岡家（タレントの松岡修造氏・祖父宅）などコートを設ける邸宅も急増、ステータス・シンボルともなった。

この時代、国際大会に参加するには日本協会が必須だった。そのために集めた資金は、「関西で一〇万円を集め、関東では二万円だった」[6]という。やがて、甲子園球場の南側に一〇〇面もの甲子園国際庭球倶楽部（阪神電鉄経営）が誕生、そのコート数は世界一だった。これらを含め当時、「関西（大阪＋兵庫）のテニスコート数は、関東（東京＋神奈川）の一・四倍」[7]を誇った。東・西で、スポーツの普及、理解、協力への意識差が窺える。

・野球

神戸一中の野球部が、明治二九年（一八九六）東遊園地グラウンドで欧米人チームKobe Cricket Clubに挑戦。胸を借りるつもりが、逆に二〇-九で大勝。以後、神戸の野球人気が沸騰、観客席は常に満員だった。やがて一中では、全校挙げての応援が学校行事となり、一番人気のスポーツになっていく。

大正四年（一九一五）夏、箕面有馬電気軌道（現阪急電鉄）が経営する豊中運動場で「全国中等学校優勝野球大会」が始まっている。その第五回大会では神戸一中が優勝、そのほか神戸勢が一〇回中五回も決勝戦へ駒を進めている。その背景には、前述のKCCやKR&ACの存在を見逃せない。現在「夏の甲子園」とも呼ばれるこの大会は、既に一〇〇回を数え、毎年「夏の風物詩」ともなっている。

・ラグビーとサッカー

野球に遅れること二年半。大正七年（一九一八）一月、同じく豊中運動場でラグビーとサッカーの部に分かれて「全国フートボール優勝大会」が開催された。[8] 神戸の中学校などサッカー部（御影師範、神戸一中、関学等）が、KR&ACに胸を借りて強くなっていく。以来、神戸勢は戦前二四回中二〇回も決勝戦に進出している。豊中から始まったこのサッカー大会（現全国高校サッカー選手権大会）は、長らく阪神間モダニズムの地（宝塚、甲子園、西宮など）で開催されてきた。関東に会場が移ったのは、昭和五一年（一九七六）のことだった。

日本のラグビーは慶応が嚆矢《こうし》である（明治三二・一八九九年）。それが明治四三年（一九一〇）になって京都・三高へ移植される。同志社サッカー部もラグビーに転向。これらに刺激を受け、京都では中学校やクラブチームが続々誕生する。[9] こうして日本のラグビーは東京ではなく、京都が「メッカ」となって行く。京都勢が、元祖・慶応を倒す近道をKR&ACに求めたのは、当然の流れであった。しかし、試合よりも「神戸の異国情緒」や試合後のパーティー（於KR&AC）を楽しみにする学生も多かった。

サッカーと同じく豊中運動場から始まったラグビー全国大会では、KR&ACのラガーマンJ・エブラハムら数名が、レフリーとして笛を吹いてくれた。ラグビー会場も同じく幾多の変遷もあったが、長らく「阪神間モダニズム」の地で実施され、[10] 現在では「聖地・花園」で全国高校ラグビーフットボール大会として開催されている。今では「冬の風物詩」とまで言われるほどに盛大な大会になり、令和二年（二〇二〇）第一〇〇回大会を迎えた。

高校の三大人気スポーツ全国大会（野球、サッカー、ラグビー）を遡れば、「阪神間モダニズム」の痕跡を容易に発見できる。

四．関東大震災と神戸～阪神間～大阪のスポーツ

・大阪の日本ラグビー協会

その当時も大企業の本社や○○協会の本部など、大半が東京に置かれていた。だが大阪が、「大大阪」と呼ばれた時代[11]、ラグビーの日本協会が大阪に本部を置いたことを知る人は少ない。

当時、最高レベルの東西大学OB対抗戦が、大正一〇年（一九二一）二月一一日、豊中運動場で行われた。ノーサイド後、中之島・大阪ホテルでの懇親会で、関西ラグビー倶楽部の杉本貞一が挨拶に立った。「ラグビーも非常に発展してきたので、日本でもユニオンを創る必要があり、東西が協調してやっては如何[12]」に大賛成の声が挙がった。ところが、大正一二年（一九二三）関東大震災が発生。やっと翌年（大正一三年）の六月AJRC（All Japan Rugby Club）の主導でラグビー関東協会が発足する。その翌年九月、満州・朝鮮・台湾を含めた「西部ラグビー蹴球協会」（西部協会）が組織され、杉本が初代理事長に就いた。[13]

早速、西部協会では「ラグビー一〇〇年祭[14]」（大阪毎日及び大阪朝日新聞共催）を開催。それは「大大阪の時代」に相応しい企画だった。新春の「全国中等学校大会」を前に、大正一四年（一九二五）一二月二三～二五日の四日間。第一日目には、大阪高商 vs 神戸高商の試合が行われ、午後六時からは心斎橋・大丸六階大ホールで、早慶戦の活動写真（映画）や講演が行われた。これには関西の中・高・大学の選手たち約三〇〇人が招待され「全国中等学校大会」生みの親・杉本貞一が講演した。だが驚くことにその声は、会場中央に置かれた大型ラヂオから聞こえて来た。この年、試験放送を開始したばかりのJOBK大阪放送局から流されたものだった。翌日からの「ラグビー展覧会」は、冬季スポーツとして最適なラグビーの歴史・発展を展示。関西からは三高、同志

社、京大の、関東は慶応、早稲田、東大、その他全国から集めたジャージー約一〇〇着、激闘の写真多数、その他ペナント等がホール壁面を飾り、英国大使館寄贈の大トロフィーや各校定期戦カップ、シールド等も陳列された。[15]

大正一五年（一九二六）一一月三〇日の大阪毎日新聞が「東西協会理事会の協議により日本ラグビー蹴球協会（以下、日本協会）の設立を見るに至り…副会長・松岡正男、臨時理事長・杉本貞一の名によって正式に発表された。右協会は仮事務所を大阪市新町通四、平和クラブ内に置いた[16]」と記した。東京は関東大震災からの復興も道半ば。一方、人口や面積、工業生産額でも日本一の「大大阪」、そして「東洋一の商工地」となった大阪。このような状況を背景に杉本が、日本協会の大阪設置を先導したのだった。

日本協会の新設に伴い、大正九年（一九二〇）以来実施して来た東西大学OB対抗戦は、主催を日本協会に譲った。そして組織も新たに第一回東西対抗戦が、昭和三年（一九二八）正月三日、秩父宮殿下を迎え甲子園球場で行われた。この記念すべき試合のレフリーを杉本貞一（慶応OB）が務めている。

・突貫工事の甲子園球場

今を去る一〇〇余年、「夏の甲子園」は大正四年（一九一五）阪急経営の豊中運動場から始まった。年々盛況になり、ついには五万人収容の甲子園大運動場（現甲子園球場）を誕生させた。この間、開催球場は三回目から阪神・鳴尾球場（鳴尾競馬場内に二面の野球場）に移った。米騒動で第四回大会（大正七年）の中止もあったが、年を追うごとに観客は膨れ上がった。中でも大正一二年（一九二三）第九回大会（優勝：甲陽中学）では、満員の観客がダイヤモンドに雪崩込み、プレーが一時間余りにわたって中断する事件も起きた。[17]この大会終了から一二日目、九月一日午前一一時五八分、神奈川県相模湾北西部を震源とするマグニチュード七・九の関東大震災が発生。死者・行方不明一〇万五〇〇〇余人、全壊・全焼戸数二九万三〇〇〇余戸の大災害だった。昼食準備の火が大火災を引き起した。鉄道被害も甚大で、救援物資や人材派遣は専ら船舶に頼った。関西でも土木・建設関係の人材・労働者が払底、建設資材は賃金ともども急騰した。

阪神電鉄では新球場建設を決定したものの、本格的な球場建設は日本初のことで、モデルもなく設計も一から始めなければならなかった。実質上の社長職であった専務・三崎省三、彼の球場建設に賭ける夢は壮大で、ニューヨーク・ヤンキース・スタジアムがモデルだった。その夢を託されたのが入社二年目、京都帝国大学・工学部土木科卒の野田誠三だった。野田は三崎専務に「ヤンキース・スタジアム視察」を申し出るが、「時間がない」と一蹴された。仕方なくヤンキースに設計図を依頼するが、無しの礫《つぶて》。唯一有るのは、「ポロ・グラウンド」(ニューヨーク・ジャイアンツ本拠地)の設計図だった。野田は、これを頼りに新球場の設計図を引いた。

付近一帯の土地を兵庫県から購入し「所有権移転登記を行ったのは、大正一二年八月三〇日」[18]のことだった。その二日後に生じた関東大震災。関係会社・取引相手などへの安否確認や災害見舞、支援物資の手配・送付などにも時間を取られた。取締役会で新球場の設計プランが、承認されたのは年末も近い一二月二八日だった。建築資材や人件費の高騰など問題点も多々あって、起工式は大正一三年(一九二四)三月一一日にズレ込んだ。リミットは七月末。工事期間わずか四カ月半。現在なら少なくとも一年がかりの工事だが、昼夜を分かたず突貫工事を実施。当時は、今日のような労働関係法や騒音防止法もなく、夜間も「裸電球を鈴なりに吊るしての工事」だった。幸いにもこの年は空梅雨《から》だったので作業中止は、わずか七日間。[19]水はけや内野の黒土などにも悩まされたが、七月三一日ついに甲子園大運動場が竣工。翌八月一日、開場式が盛大に行われ八月一三日から第一〇回全国中等学校優勝野球大会が始まった。それは今日に続く「夏の甲子園」の始まりだった。

ところで「甲子園」の名称は、どのようにして生まれたのだろうか。六甲山から名づけた甲陽園、甲東園などとは異なり、干支《えと》からである。三崎省三が、この大正一三年（一九二四）の正月、初詣に西宮戎神社へ行ったところ、墨色あざやかに「大正一三年甲子之歳」と書かれた看板に強く惹かれた。そして一月七日の重役会で「甲《きのえ》は十干の、子《ね》が十二支のそれぞれ先頭にあって一段と目出度い」と説明、全員が「甲子園」を快諾したという。[20]

・職業野球 ～東京から宝塚へ～

ベースボールの我国への伝来は、明治四年（一八七一年）東京・開成学校（現東大）に於いて米人教師H・ウィルソンらが、学生に指導したことに始まる。やがて、英語教師F・W・ストレンジにコーチを受けた第一高等学校が、強豪になり「一高時代」（明治二〇～三七年）と呼ばれるほどになる。一高OBの中馬庚《かなえ》が、ベースボールを野球と翻訳したのもこの頃（明治二七年秋）だった。明治二九年（一八九六）一高は初の国際試合とも言われる横浜カントリー&アスレチック・クラブ（YC&AC）との対戦を二九―四で制し、野球人気に拍車をかけた。

「阪神間モダニズム」時代、大阪に於ける野球人気は、中等学校野球（現高校野球）が中心だった。一方、東京に於けるそれは、早慶戦に代表される大学野球。中でも早稲田は、明治三八年（一九〇五）日本球界初となる米国遠征を敢行。戦績は七勝一九敗。予想通りの大苦戦だったが、収穫も大きかった。即ち、スクイズ、ピンチヒッター、ワインドアップ、バント、スライディング、スパイクの使用、スコアーブックの記入法など、最新のテクニックや用具類を入手して帰国した。

野球界をリードする早大OBたちは、大リーグに倣い職業球団の創設を模索した。社長に橋戸信、専務には河野安通志と押川清が就き、他に泉谷裕勝（米遠征、宮内庁野球部）、三島弥彦（初の五輪選手、慶応OB）、飛田穂州（早大野球部長、河野の義兄）らも協力。そして誕生したのが、日本初の職業球団「日本運動協会」だった。球場が芝浦埠頭（現東京都港区）に近く「芝浦協会」とも呼ばれた。大正一〇年（一九二一）球場建設と同時に新聞紙上で選手を募集。六〇～七〇名の応募があったが、早慶などのOBや現役選手は一人もいなかった。[21] 当時は「野球を職業にする等もっての外」との雰囲気が強く「野球を金儲けの道具にするな!」「野球の芸人」とからかわれた時代。加えて将来が不確かな職業野球などに進もうとする者などいるはずがなかった。面接で一四名を採用したが、半数以上が一〇代だった。臥薪嘗胆《がしんしょうたん》、引退後の人生のためにもと、午前中は英語、数学、簿記に励んだ。

翌年六月、朝鮮・満州へ遠征し一二勝五敗の戦績で凱旋。続けて早大二軍と菅平で合宿。早大に同行した部長・安部磯雄の眼に映ったのは、彼らのマナーや技術の素晴らしさだった。感心した安部は、当時人気・実力とも日本一と言われた早大一軍との試合を許可する。九月九日、芝浦球場。満員の観客が見守る中、早大と日本協会の対戦が行われ、早大一―〇芝浦協会。惜しくも敗れたが、大いに人気を博した。[22]

大正一二年（一九二三）九月一日、関東大震災が発生。グラウンドには三〇センチメートルもの亀裂が走り、液状化現象も広範囲に及んだ。

芝浦球場は戒厳司令部に徴発され、救援物資置場と化した。鉄道もズタズタにされ、船舶による避難方法しかなく、乗船は芝浦埠頭からだった。また、国内外からの救援物資も芝浦埠頭に陸揚げされ、球場には倉庫が建ち並び配給基地になった。翌年になっても当局には球場返還の意思は見られず、球団は一月二三日、記者クラブで解散の声明文を読み上げた。

・早過ぎた宝塚球団

前述のように「夏の甲子園」は大正四年（一九一五）八月、阪急の豊中運動場から始まった。この冬、早大野球部が、このグラウンドで合宿を張った。陣中見舞いに訪れた阪急の社長・小林一三は、監督の河野安通志に「アメリカでは職業野球が非常に盛んと聞くが、日本でも職業野球を起したらどうか」と切り出した。河野は「時期尚早と思います」と答えたという。[23]

時代は進み一〇年ほど後、小林は職業野球のリーグ構想を次のように語っている。

計画が良ければ必ず成立すると信じる…グラウンドを持つ鉄道会社、例えば関西なら阪神の甲子園、阪急宝塚、京阪の寝屋川、大鉄の…毎年春秋二期リーグ戦を決行する。…各社は相当の乗客・入場料収入を得る…その収入金を公平に分配して…

『改造　昭和一〇年新年号』

リーグを運命共同体と捉え、共存共栄を図ろうとする小林の構想は明快だった。

関東大震災の翌年（大正一三年）一月末、「日本協会の解散」の報を聞いた小林は、部下を東京へ向かわせ、阪急が日本協会を引き取ることを申し入れた。これを受け日本協会は、河野をリーダーとして兵庫県川辺郡小浜村（現宝塚市）の宝塚球場（現関西学院初等部）へ移転、「宝塚運動協会」として再結成された。

しかし、関東大震災に対する金融政策処理の失敗や蔵相の失言もあって、昭和金融恐慌（昭和二・一九二七年）が発生、不況も続いた。加えて神戸では、あの鈴木商店までもが倒産。後に続く職業球団も現れなかった。小林の考えが進み過ぎていたのだろう。当時、最強と言われた大毎球団も採算がとれず解散。最大の人気カード、大毎戦を失った宝塚協会は、昭和四年（一九二九）七月三一日をもって解散した。簿記などの勉強が功を奏し選手たちは、多くが阪急の関連会社に就職。中には、朝鮮や満州の実業団に転じた者もいた。

再び阪急電鉄が職業球団を持ったのは、昭和一一年（一九三六）一月のことだった。しかし、日中戦争、太平洋戦争の足音が一歩一歩近づいて来ていた。

おわりに

大阪や神戸の財界人・富裕層の居住地となった阪神間は、現在のJR住吉駅山側から開発が始まった。彼らの上方文化と神戸からの欧米文化が、ない交ぜになり後世「阪神間モダニズム」と呼ばれる文化・ライフスタイルが花開いた。

その内容は、建築、文学、映画、カメラ、ホテル、洋装、洋楽、洋菓子、洋画、洋食など。一方、数寄者による茶道具や古美術蒐集、彼らの存在も見逃せない。このように「阪神間モダニズム」の分野は、まさに広範囲に及んだ。この一翼を担ったスポーツも、「阪神間モダニズム」の時代に急速に普及・発展し、今日に続く種々の大会も始まっている。

関東大震災は、「阪神間モダニズム」および「大大阪の時代」とも相俟って、戦前、我国のスポーツが、最盛期へ向かう刺激となったと言えるだろう。

【注】

1 坂本勝比古「御影・住吉／神戸」『近代日本の郊外住宅地』、鹿島出版会、二〇〇〇年、四二五頁。

2 阪田寛夫『わが小林一三』、河出書房新社、一九八三年、二一一頁。

3 呉宏明、髙木應光編著『神戸レガッタ・アンド・アスレチック倶楽部一五〇年史』、二〇二一年、三四頁。

4 このプール建設には、後のノーベル賞作家・川端康成やジャーナリスト・大宅壮一らも体育授業の一環で作業している。

5 六甲山には、英語地名が多々ある。それは英国人たちによる登山が早くから行われたことを物語っている。しかし、この「ロックガーデン」は大正一三年（一九二四）直木重一郎による命名である。直木重一郎「六甲山の今と昔」『関西山小屋一六号』朋文堂、一九三七年。

6 『日本テニス協会六〇年史』、一九八三年、五六頁。

7 6に同じ、一四八頁。

8 当時、多くの日本人がFootballを「フートボール」と発音していた。

9 中学：京都一中、京都一商、京都五中（後三中）、平安中など。クラブ：錦華殿倶楽部、神陵倶楽部、天狗倶楽部など。

10 宝塚→甲子園→南甲子園→戦時下で分散：福岡春日原→西宮→東京（一回のみ）。

11 大阪は一九二〇〜三〇年代にかけての池上および関市長の時代に、市域面積、人口、工業出荷額が日本一となり、御堂筋の大拡幅、地下鉄の開通、大阪城再建、動物園の設置、初の児童相談所や公共託児所、大阪商業大学の設置などに取組み、後藤新平に「都市計画の範を大阪に求める」と言わしめた。

12 杉本貞一「創始時代」『関西ラグビー倶楽部』、一九三九年、二頁。

13 杉本は初期の慶応ラグビー部員。卒業後は大阪立売堀の機械工具卸商を引継ぎ、魚崎（現神戸市東灘区）に住み、「阪神間モダニズム」に好例な人物だった。加えて「全国高校ラグビー大会」の生みの親で、「ラグビーを戒名にした男」としても知られる。

14 およそ一〇〇年前の一八二三年、英国ラグビー校でフットボールのゲーム中にエリス少年がボールを持って走った。このプレーが、現在のラグビーフットボールの原点と言われる。この故事を基に「ラグビー一〇〇年祭」を開催した。但し、このエリス少年の行為・逸話は、学会では認められていない。

15 村上清司『激闘 高校ラグビー～全国大会七〇年の軌跡』、毎日新聞社、一九九一年、六八—六九頁。

16 大阪毎日新聞 大正一五年（一九二六）一二月一日付。

17 阪神電気鉄道『輸送奉仕の五〇年』、一九五五年、八九頁。

18 『鳴尾村誌一八八九～一九五二』、三二五頁。

19 玉置通夫『甲子園球場物語』、文春新書、二〇〇四年、三一—三三頁。

20 舞坂悦治『甲子の歳』、ジュンク堂書店、一九八三年、一八一頁。

21 ＩＮインターネット：橋爪紳也『評論 空想の都市建築史』「第七回 職業野球余話—大師河原のスタジアム」。

22 ＩＮ：「芝浦球場」『ＢＡＬＬ ＰＡＲＫ』野球研究所（大阪市大・文学部・地理学教室所属某氏）。

23 『阪急ブレーブス五〇年史』、一九八七年、五頁。

著者紹介

高木應光（たかぎまさみつ）。1945年淡路島に生まれ、大阪・船場で育つ。その後の阪神間での生活は、早や60年にもなる。県立鳴尾高校を振出しに芦屋高校など4校で、社会科教諭と共にラグビー部監督を務めた。定年後も芦屋高校で非常勤講師として学校設定科目【芦屋モダニズム】を担当。この間、『神戸スポーツはじめ物語』『This is the MAN. ハイカラ神戸を創った男 A.C シム〜』『神戸レガッタ・アンド・アスレチック倶楽部150年史』（編著）『近代神戸の群像』（共著）などを執筆・出版。

現在、日本ラグビー学会・理事、神戸居留地研究会・事務局を務める。

コラム

奉職した高校では、社会科の講義もさることながら、ラグビー部の監督として部員たちと共に、負けては泣き勝っても泣いていた。

ある時フト思ったのだが、このラグビー部の先輩たちは誰なのか？　どんな人たちなのか？　創部者は誰なのか? 初期の部員たちは、誰にラグビーを教えてもらったのだろうか?等々、思いを巡らした。

辿り着いた先は、神戸の英国ラガーメン。彼らは欧米人スポーツ・クラブのメンバーだった。そのクラブは、神戸レガッタ＆アスレチック・クラブ（KR & AC）。創部は、なんと明治3年（1870）、今から150年余りも昔のことだった。

このようなことを切っ掛けにKR & ACの歴史を調べ始めた。こうして「私のラグビー、歴史の旅」は、始まったのだった。

第六章

神戸洋菓子のコトはじめ

森元伸枝

はじめに

いまからちょうど五〇年前の一九七三年、神戸市は「ファッション都市宣言」を行った。第二次世界大戦後の復興から高度成長期において基幹産業となり、神戸経済を支え続けてきた鉄鋼・造船をはじめとする大手企業が、地価急騰などから神戸の外に移転していった。そのため、神戸経済は低迷した。神戸市はそれを打破する策として「ファッション都市宣言」を行い、それまで重工業に隠れていた産業、例えば、江戸時代から栄えた灘五郷の清酒や明治の開港とともに流入してきた靴や洋服などを神戸の新しい基幹産業にした。洋菓子産業もその一つだった。

一九八〇年『神戸っ子』四月号には、当時の神戸の洋菓子メーカーを代表するゴンチャロフ製菓株式会社の社長光葉貞夫氏、株式会社ユーハイム専務である河本武氏、スイス菓子ハイジ社長の前田昌宏氏による座談会の記事が掲載されている。

このころ、神戸の洋菓子は、全国的によく知られていた。その理由のひとつは、神戸がテレビや雑誌などに良く取り上げられていったからだ。次々と創刊される女性ファッション雑誌では、海外ブランドをさりげなく取り入れる神戸の若い女性を取り上げ、神戸は一躍ファッションリーダーとなった。また、一九七七年一〇月三日から放映されたＮＨＫ連続テレビ小説第二〇作目（〜一九七八年四月一日まで）の「風見鶏」は、異国情緒あふれる神戸の街でイキイキと生活する女性が主人公だった。多くの人、特に女性が神戸に興味を持った。それに合わせるように、異人館界隈は整備され、神戸は急速に観光地化していった（余談だが、神戸市は「風見鶏」の放映がはじまった一〇月三日を二〇〇四年から「KOBE観光の日」とし、市内の観光施設の特別割引や無料開放を行っている）。その街に華やかさを添えたひとつが、オシャレでハイカラな商品を提供する洋菓子店であった。

若い女性は街に点在する店舗のケーキを食べ、口コミをする。観光客は土産用に焼洋菓子を買っていく。おいしいケーキの評判は人の口から口へと広がり、メディアにも多く取り上げられていった。

『神戸っ子』の座談会で語られたのは、神戸の洋菓子の評価が高いのは、味もデザイン性においても最高品質のものづくりを意識しているからであり、それは先人から教わったということである。

「品質を重んじる」「材料の質だけは絶対に落とさない」「（ドイツでは）生菓子のない菓子屋は菓子屋でない」

「教わったのはスリーS…。菓子屋の規模は小さい（small）方がいい、拡大していくにしてもゆっくり（slow）でしかも着実に（steady）」

つまり、生菓子にこそ、職人のこだわり（価値観）や感性―職人のもつ技術や技能、デザイン性や食材選び、ネーミングやパッケージなどのセンス―を注ぎ込むことができる。見た目をはじめ五感を刺激する生菓子だからこそ、消費者にわかりやすい、わかりやすいからこそ、「信用」を得ることができるのである。そして、店舗の規模を拡大する際、本当にその「おいしい生菓子」を消費者に届けることができるのか、「信用」を裏切ることがないかどうかを見極める必要があるという。

こうした先人たちの「教え」を伝承・継承した結果、洋菓子と言えば「神戸」、神戸は「洋菓子の街」として全国的に知られるようになった。

この神戸の洋菓子の礎を築いたのは、先ほどの神戸市「ファッション都市宣言」からさらに約五〇年さかのぼることになる。特に関東大震災勃発の間もないころに数奇な運命により神戸の街で洋菓子店舗を開業した外国人たち、ドイツの菓子職人カール・ユーハイム、パン職人のハインリッヒ・フロインドリーブ、ロシア菓子のマカロフ・ゴンチャロフとモロゾフ一家の影響は大きい。

一、ドイツ人マイスターによる「技」

・「ユーハイム」カール・ユーハイム

日本でバームクーヘンという菓子を知らない人は少ないだろう。そして、多くの日本人は、バームクーヘンはドイツを代表する菓子だと思っている。しかし、ドイツでは、日本人が思っているほどメジャーな菓子ではないようだ。日本人をこれほどまでに「ドイツ菓子バームクーヘン」の虜にしたのは「ユーハイム」の創業者であるカール・ユーハイムである。

株式会社ユーハイムの社史『デモ私 立ッテマス』（株式会社ユーハイム・一九七〇）、頴田島一二郎『菓子は神さまカール・ユーハイム物語』（新泉社・一九七三）によれば、カール・ユーハイム（後、ユーハイムと表記）は、第一次世界大戦時、ドイツが租借していた中国山東省の青島で、菓子と喫茶の店「ユーハイム」を営んでいた。しかし、大正四年（一九一五）九月、一般市民であったにもかかわらず、捕虜として日本に強制連行されてしまった。広島県似島で捕虜収容所生活を送っていた大正八年（一九一九）、広島県が日独親善のひとつとして広島市内の物産陳列館（現在の原爆ドーム）で開催したドイツ捕虜たちの作品展示即売会で、ユーハイムもバームクーヘンをはじめとするドイツ菓子で技を披露した。

横浜に本店を持つ食料品店「明治屋」の社長磯野長蔵氏は、ドイツ捕虜の専門性に長けた高度で豊富な技術を高く評価し、すでに東京に支店はあったにもかかわらず、銀座に新しく洋風喫茶店「カフェー・ユーロップ」を持つ計画を立てた。そして、大正九年（一九二〇）の捕虜釈放後、ユーハイムを製菓部の主任として三年契約で月々当時三五〇円という破格の高給（大正七年の国家公務員、大学卒総合職の初任給は七〇円）で雇い入れた。彼のつくるバームクーヘンをはじめ、サンドケーキ、フェルトサンドケーキ、プラムケーキなどは、当時の帝国ホテルでさえつくっていないものだったため、店は繁盛したそうだ。

三年契約が切れた大正一一年（一九二二）三月、ユーハイムは横浜のあまり立地の良くない場所であったが、自分のつくる菓子に加えて、妻のエリーゼが考案したドイツ風軽食と珈琲を提供する「E・ユーハイム」という自分の店を持った。立地が悪くても、彼らが提供するおいしい菓子や軽食、珈琲によって、一年もたたないうちに東京から横浜に遊びに来る人は、「ニュー・グランド（明治三・一八七〇年創業のホテルで、当時は海外にまで評判が届い

図1　ユーハイムの店内ー棚にならぶバームクーヘン
（写真提供：株式会社ユーハイム）

ていた)」で夕食をとったあと、「E・ユーハイム」で土産を買って帰るというのが一つのコースになり、繁盛するのが目に見え始めた。そんな矢先に、関東大震災が勃発したのである。

店を失い混乱の中、九月六日に英国船ドンゴラ号でユーハイムは神戸にたどり着いた。そして、失意の中、今後の生活を考えながら三宮を歩いていた。三宮一丁目の市電の停車駅前にきたとき、横浜時代の客であったロシアの舞踏家アンナ・パブロワにばったり出会う。被災の経緯を聞いたパブロワは目の前の洋館(英国人ジェームズ・ファウラー・ミッチェルの設計による神戸で最初に建った三階建てのレンガ造の洋館)で開業することをすすめた。

震災から二カ月たった一一月一日、神戸の「ユーハイム」がその建物で開業する。

・「フロインドリーブ」ハインリッヒ・フロインドリーブ

「フロインドリーブ」は、前述しているNHK朝の連続テレビ小説『風見鶏』のモデルとなったパン屋であり、主人公はフロインドリーブの妻ヨンがモデルであった。

フロインドリーブは、一八九八年に故郷のドイツのテューリンゲン州で見習いとしてパン屋で働き、一九〇二年から一〇年間、ドイツ海軍に入隊し、軽巡洋艦エムデンでパン製造に従事した。退役後、青島でパン屋を開業していたが、第一次世界大戦がはじまると徴兵され、海軍に復帰する。その結果、日本軍の捕虜となり、名古屋市の捕虜収容所へ移送された。

彼も捕虜解放後には、高い技術力を買われ、敷島製パンの初代技師長や大阪灘万の洋菓子部で職長として雇われた。そして、大正一三年(一九二四)、神戸市中山手通一丁目一〇番地で本格的なドイツパンの店「フロインドリーブ」を開業する。

ドイツパンの特徴は、ライ麦を使用するが、ライ麦と小麦の配合割合により多種類のものができる。また、ナッツやドライフルーツ、香辛料などを生地に入れ込むなど豊富なパンの種類と製法がある。さらに小麦粉とパン酵母を使用したパンとは異なり、その弾力や噛みごたえ、香ばしさがある。そうした多様性によるおいしさを神戸のパンの消費者に伝えた。また、消費者だけでなく、パンの業界にも影響を与えた。ドイツパンのおいしさは、生地だけでなくドイツ式の窯によっても生み出されている。ドイツ窯の特徴は、コークスにより窯の石を高温にし、熱を貯め、その余熱で間断なしにパンを焼くことができる。石窯による遠赤外線効果で、パンの中心部まで早く熱が伝わり、水分も残るため、ふっくらした食感となる。フロインドリーブがドイツ窯を最初に持ち込んだかどうかは不明だが、第一次世界大戦の捕虜になったドイツ兵がもたらしたと「パンの文化史」(『パンの明治百年史』(一六七頁、二九九頁)には述べられている。

当時のフロインドリーブを味わいたければ神戸の阪急岡本駅近くの「フロイン堂」に行くとよいかもしれない。「フロイン堂」の初代竹内善次郎はヨネの従兄弟にあたる。フロインドリーブに弟子入りし、その後「フロインドリーブ」の支店として昭和七年(一九三二)に現在の地で創業した。第二次世界大戦後は「フロイン堂」という店名で再スタートしているが、今もパンは昔ながらの生地を手捏ねし、ドイツ式のレンガ窯で焼いている。

二.ロシア菓子の伝道師たち

大正時代、神戸に本格的なチョコレートが出現する。大正初期には日本でもすでにチョコレートは製造されていたが、それは森永製菓に代表されるような大量生産の板チョコであった。欧米人や自家用車に乗り欧米文化を楽しむ日本人消費者は、ナッツやクリームが入った個々になったチョコレートを求めていたが、そういった本格的なチョコレートはクリスマスやイースターのために冬に一、二度アメリカから輸入されるものを待つしかなかった。そうした消費者に商機を見出し、西洋化する日本の将来性に賭けてやってきたのがロシア革命（一九一九年）によるロシア人エミグラント（亡命者）である。彼らは中国やアメリカなどの第三国から神戸にきて、ロマノフ王朝のチョコレートを製造販売し、神戸の菓子産業を盛り上げた。その代表となるのがマカール・ゴンチャロフとフョードル・ドミトリー・モロゾフ（後、フョードル・モロゾフと表記）である。彼らについては、来日した亡命ロシア人に関する研究をしているポダルコ・ピョートル『白系ロシア人とニッポン』（成文社・二〇一〇）から知ることができる。

・「ゴンチャロフ」マカール・ゴンチャロフ

ゴンチャロフ製菓のホームページは「ゴンチャロフ」の始まりは大正一二年に神戸北野の中山手カソリック教会の東隣の工房でチョコレートを製造したことになっている。しかし、ポダルコ・ピョートル（二〇一〇）によれば、「ゴンチャロフ製菓」の創始者であるマカール・ゴンチャロフは、ウラジオストックの大手商社トカチェンコ家が所有する店に勤め、そこで初めてチョコレート菓子の製造を知る。大正一二年に現在のソウルでチョコレート製造と小売販売をはじめ、大正一五年頃にそこで一緒に働いた中国人を伴い神戸で開業したことになっている。

そして、日本でのゴンチャロフは、チョコレートを製造するより事業拡大に力を入れ、日本人パートナーと合資会社を設立した。しかし間もなく、会社の財産・商号は日本人のパートナーの手にわたり、彼は日本を去ったということである。ゴンチャロフの日本での記録や日本を去った後の記録も詳細に残っていないようだが、彼がなぜ早々に日本を去ることになったのかは「モロゾフ」の創始者であるモロゾフ一家が被った理由から推測ができる。

・「モロゾフ（コスモポリタン）」モロゾフ一家

ゴンチャロフが日本で開業したのと同じころ、フョードル・モロゾフも神戸のトア・ロード一〇三番地に「F・モロゾフ洋菓子店〈Confectionery F.MOROZOFF〉」を創業した。

フョードル・モロゾフは、ロシアでは雑貨商や交易を営む商人で、第一次世界大戦ではロシア帝国政府の兵站活動も行うなどめ、地域でも名士であった。しかし、ロシア革命により亡命生活を送らざるを得なくなった。亡命先のハルピンではゼリーづくりを習い、アメリカではユダヤ人の経営するチョコレート会社で働いた経験が、彼の商才と相まって神戸でロシアの本格的チョコレートの店舗を構えることになる。フョードルは、腕利きのロシア人菓子職人を雇い、息子のバレンティンに彼らの技術を学ばせながら、クリームやナッツ、洋酒を使った純ロシアスタイルの高級ファンシーチョコレートやウイスキーボンボンチョコレートといったチョコレートを中心にキャンディやゼリーなどのロシア菓子の製造販売を行った。

彼の店で提供するチョコレート菓子は本格的なチョコレートというだけでなく、一ポンド二円で計り売りし、客は好みの品を指定し、化粧箱に詰めるという形式だったので、贈答用には格好の品だった。在留欧米人や神戸在住の日本人男爵や伯爵たちが足繁く通った。モロゾフのチョコレートの人気は上がり、大阪、東京へと販路は伸びていった。

ところが、モロゾフに災いがやってくる。さらに販路を拡大しようと出資者を求めたところ、一人の日本人が名乗りをあげた。そして昭和六年

図2　ユーハイム神戸第一号店／後のコスモポリタン製菓
（写真提供：株式会社ユーハイム）

（一九三一）「神戸モロゾフ製菓株式会社」という名前で共同経営することになった。しかし、川又一英『大正一五年の聖バレンタイン』（ＰＨＰ研究所・一九八四）によると、日本人共同経営者は裁判によりモロゾフ一家を店から排除し、モロゾフの商号も使用できなくさせた。モロゾフにとっては、あまりに一方的な和解条件であったが、和解条件をのまなければロシアへ送り返すと脅され、結局、生きていくために裁判結果をのまざるを得なかった。

モロゾフ一家は、チョコレートやキャンディの製造販売権は妹の名義、商号は息子の名前を英語表記した〈Confectionery Valentine Co.〉で商売を続け、第二次世界大戦後は「ユーハイム」が神戸で開業した最初の建物跡で「コスモポリタン製菓」という名で再開する。

度重なる過酷な状況において、彼らを支え続けたのは「誰にも真似のできない味、その味がつくり出す信用はかけがえのない財産である」という信念であった。それは彼らの菓子を求める顧客により証明されてきた。

三．本物を楽しむお客さん

明治後期から大正時代かけて神戸の洋菓子産業・文化に新風を吹き込んだ菓子をおいしいと評価し、繰り返し購買したのは豊かな経済力で比較的上流の欧米文化を楽しむ「阪神間モダニズム」を謳歌する人々であった。

大阪は江戸時代より天下の台所として栄えた商都であったが、明治時代に入ると政府が唱えた殖産興業政策により大阪の資本家は蒸気動力による大阪紡績工場を作った。大阪の各地には紡績工場が建ち並び、「東洋のマンチェスター」と呼ばれる工業都市に変貌した。産業の発展に伴う大気汚染や騒音、水質汚濁などの生活環境の悪化を背景に、経済力のある大阪の富裕層は緑豊かな六甲山の澄んだ空気とその連なる山から流れる美しい河川の水を求めて神戸方面に移り住んだ。明治三三年頃に朝日新聞創業者である村山龍平が、明治三八年には住友銀行初代支配人田辺定吉が住吉（明治七年に大阪-神戸間を官営鉄道が開通した際にできた駅の一つである）に数千坪の土地を取得し邸宅を構えたのをきっかけに、大阪の財界人が住吉に移住するようになった。そのため、住吉は「日本一の富豪村」と呼ばれた。

ほぼ時を同じくして、阪神電鉄（明治三八・一九〇五年開通）ならびに阪急電鉄（大正九・一九二〇年開通）は、「健康に恵まれた郊外生活」をキャッチフレーズに掲げ、阪神（大阪-神戸）間の住宅地開発を展開した。その結果、明治後期から大正・昭和初期にかけて、大阪-神戸間の特定の地域（現在の行政区域でいえば、西宮市、芦屋市、神戸市の東灘区住吉・御影あたり）には、大阪商人や実業家、神戸の貿易や海運などで経済力を持った人たちが居を構えた。

経済力を持った大阪は江戸時代より歌舞伎・浄瑠璃といった町人文化、上方文化も育んだように、人びとは生活を楽しむことに長けていた。特に、大阪商人は「茶の湯」をたしなみ、人脈を広げながら商取引や商談を行った。商取引や商談成立の際には、酒宴や会食を楽しみ、手締めを行った。そのため、大阪の町には、商取引や商談にふさわしい料理とサービスが提供できる料亭・茶屋が存在した。大阪商人はそこで舌を肥やし、「食道楽（くいどうらく）」という言葉を生んだ。また、江戸時代から阪神間（武庫川の西側-灘の大石川の東側）には灘五郷の造り酒屋が建ち並んでいた。蔵元は自分たちの酒を守るために繊細な味がわかるように舌を鍛えていた。

大阪商人や蔵元の肥えたかつ繊細な舌を受け継いだ人々は、本当においしいものを求め彼らの持つ経済力は、価値あるものに出金を惜しまなかった。

神戸には明治の開港とともに欧米からの新しい生活文化（衣食住である洋装、洋食、洋館はもちろん活動写真やゴルフ、スポーツ、演劇やジャズバンドなど）が流入していた。なかでも、大正時代に神戸の洋菓子業界に新風を吹き込んだ外国人たちがつくる洋菓子は高価であった。しかし、そのおいしさに魅了され、繰り返し購買していたようである。

ただし、実際に食して楽しんだのは経済力のある人たちのご夫人や令嬢であっただろう。

ちょうどその頃、阪神間には女学校が数多く創設された。明治八年（一八七五）、「教育」を重視したキリスト教会が山本通に「神戸ホーム」を創立したことをきっかけに表1で一部紹介しているように、数多くの女学校が創設された。

女学校に通う彼女たちは、愛読していた『少女の友』の内容や広告に掲載されていた化粧品に加えて、街のあちらこちらに出現する洋菓子店やその商品についても談笑に花を咲かせ、家に帰れば家族で洋菓子を食べたであろう。

表1　明治・大正時代に創立した女学校

女学校名	現学校名	創業年	
神戸ホーム	神戸女学院	明治 8 年	1875
親和女学校	親和学園	明治 20 年	1887
松蔭女学校	神戸松蔭女子学院	明治 25 年	1892
私立家政女学校	神戸常盤女子	明治 41 年	1908
森裁縫女学校	神戸学院	大正元年	1912
神戸女子高等技芸学校	神戸第一高等学校	大正 2 年	1913
市立神戸女子商業高校[2]	神戸市立神港橘高等学校	大正 6 年	1917
甲南高等女学校	甲南女子学園	大正 9 年	1920
成徳実践女学校	成徳学園・神戸龍谷中学校高等学校	大正 10 年	1921
須磨裁縫女学校	須磨学園	大正 11 年	1922
須磨睦高等技芸塾	睦学園・兵庫大学付属須磨ノ浦高等学校、神戸国際中学校高等学校	大正 12 年	1923
山手学習院	神戸山手女子	大正 13 年	1924
神戸野田高等女学校	神戸野田高等学校	大正 15 年	1926

（著者作成）[3]

四．外国人のつくる菓子を支えた原材料〜砂糖と小麦粉そして牛乳

こんにちの神戸の洋菓子産業・文化の基盤は、大正期に数奇な運命のもと神戸にたどり着いた外国人菓子職人たちのおかげだと言っても過言ではないだろう。しかし、もし彼らが神戸以外の地域にたどり着いたなら、これほどまでに名を残すことはできただろうか。

実は、神戸には彼らを支える土壌が整っていた。ひとつは、すでに述べたが、嗜好品である高価な洋菓子を購買してくれる顧客の存在である。阪神間に居を構えた大阪商人や灘五郷の蔵元、さらには、株成金や船成金といった桁違いの金持ちたちが、洋菓子のリピーターとなり外国人買い職人たちを支えられたのは間違いない。

もうひとつは、洋菓子づくりに不可欠な原材料である。神戸は明治の開国とともに洋菓子が流入してきたことあり、洋菓子の原材料は輸入していた。しかし、彼らが開業をはじめたころの神戸には、こだわりの原材料を求める彼らでさえ満足させる上質の原材料を安定的に供給できていた。

明治期に神戸港が開港すると、それまで長崎にしか入ってこなかった洋糖が神戸にも入ってきた。神戸には英国商社のジャーディン・マセソン商会とバターフィールドスワイヤー商会から香港産洋糖が輸入され、その販売は特定販売人（大阪の砂糖商辰巳屋助七）が独占していた。

明治二一年頃になりやっと神戸で糖商、つまり製糖の直輸入をはじめた人が現れた。「鈴木商店」の創業者である鈴木岩次郎である。その岩次郎は明治二七年（一八九四）には亡くなってしまうが、日清戦争で日本が台湾を領有したこと、「鈴木商店」の番頭であった金子直吉が手腕を振るったことで明治三〇年頃の糖業界においては、

「東の増田屋、西の鈴木商店」と呼ばれるほど糖業界で確固たる地位を築いた。

ちなみに、東（横浜）の増田屋とは様々な貿易をする中で砂糖貿易に目を付け、経営の軸を洋糖輸入商として基礎をつくり、横浜屈指の商人となった増田増蔵の店舗である。

この増田屋に丁稚奉公し、砂糖の商法を身につけ、志を抱いて神戸で製糖所を創立したのが湯浅武之助である。彼は明治三四年（一九〇一）に「湯浅商会」を創設し、明治三六年（一九〇三）には「湯浅製糖所」（後に「神戸製糖所」に改名、明治四四年（一九一一）には三井資本の「台湾製糖」に買収される）を創立した。

神戸の糖業界は、その後溶糖も開始し、大正九年には日本有数の地位を確保する。

増田屋であるが、明治三九年（一九〇六）に現在地、神戸市長田区梅ケ香町の新川運河河畔に増田増蔵製粉所（現在の株式会社増田製粉所）を設立している。

同社は、知る人ぞ知る企業である。愚直な技術者たちの蓄積された製粉ノウハウにより菓子に特化した小麦粉を生み出し、「ここの小麦粉でなければうちの菓子はできない」と多くの有名な菓子メーカーに言わしめ

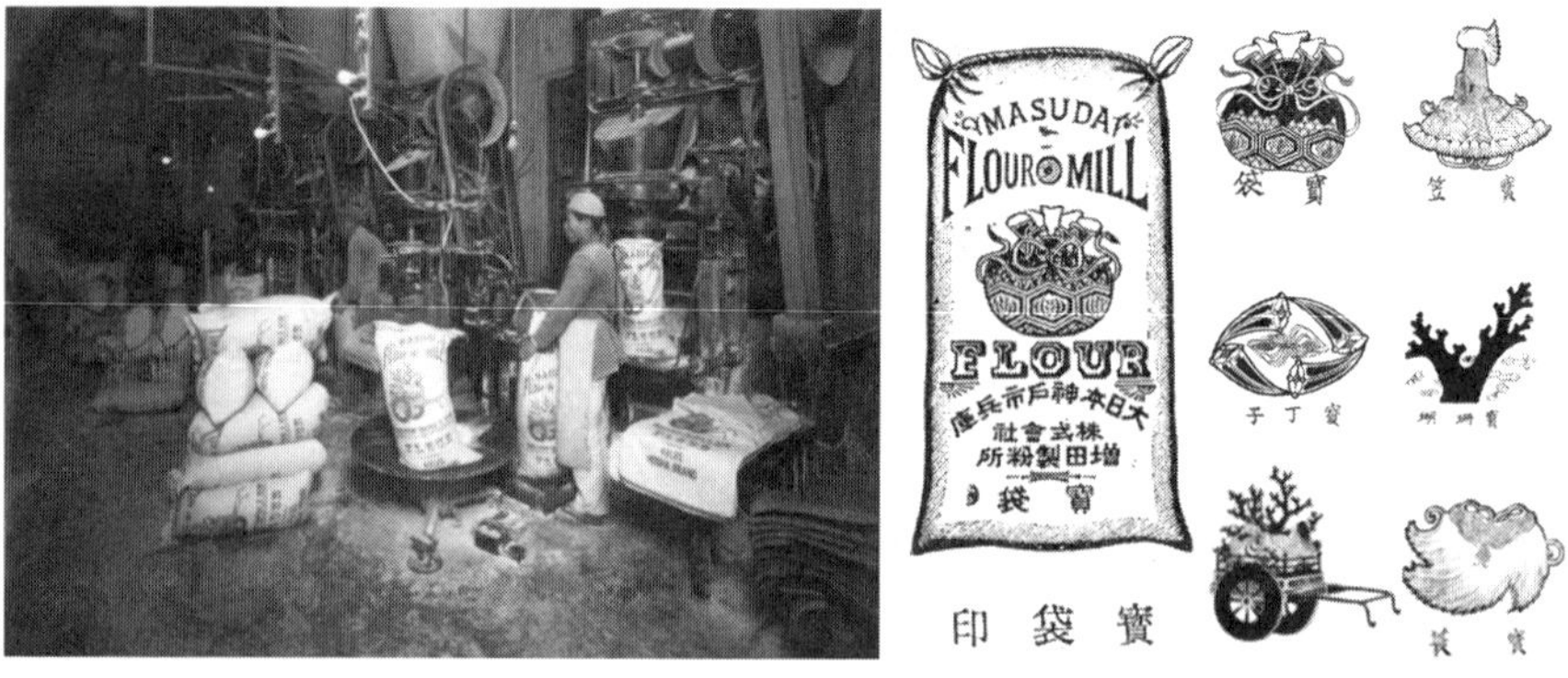

図3　包装機を使った袋詰め作業と当時の製品銘柄
（写真提供：株式会社増田製粉所）

ている。二〇〇九年コンビニスイーツに革命を起こしたローソンの「プレミアムロールケーキ」にもここの「技」が生かされた。

また、なくてはならない洋菓子の原材料の一つに乳製品（牛乳）があげられる。当初日本人はこのにおいと味になかなか馴染めなかったといわれているが、明治末期から大正時代にかけては、神戸では多くの人たちが牛乳を買い求め、乳業業界において競争が激化していった。

大正一二年（一九二三）九月二七日の神戸又新日報には、いろは牛乳が同業者に嫉視され、事業妨害されたので損害賠償訴訟を提起したという記事が載っている。[4] このいろは牛乳店は、神戸の開港と同時に乳牛の飼育と牛乳の販売を手掛けた店舗である。神戸凮月堂は、創業（明治三〇年（一八九七）一二月一二日）当初からこのいろは牛乳店と取引をしている。江後迪子『神戸凮月堂の百年　洋菓子事始め』（株式会社神戸凮月堂・二〇〇二）によれば、創業者の宮本徳三郎は、長崎出島のイギリス領事館に書生として生活していたが、神戸に新しい貿易港ができるということで急遽イギリス領事一行とともに神戸にやってきた。長崎出発の際、領事より貿易港ができると多くの外国人が集まるが、彼らにとって牛乳は不可欠なので神戸で牧場をしないかと誘われていた。そこで、領事の仕事をしながら乳牛の飼育をし、外国人のいる居留地まで牛を連れていき搾乳して売っていたそうだ。

明治二三年（一八九〇）には、神戸市生田区古湊通にて「共進乳業（現株式会社共進牧場）」が、牛乳を製造する牛乳処理業販売店として創業している。また、明治四二年（一九〇九）には小谷岩吉が神戸駅近く（神戸市奥平野村（大正五年には神戸市平野下三條町三〇三））で牛乳屋を開いている。その後、岩吉の子・岩男が長田区名倉町で「小谷牧場」を始めた。岩吉の孫にあたる弓削吉道は小谷牧場で牛の世話をしながら牛乳販売をし、小谷牧場で製造された低温殺菌牛乳や生クリームを元町や三宮界隈のモロゾフやユーハイムをはじめ、ケーキ屋や伊藤グリルなどの洋食店に配達をしていたそうだ。ちなみに、この吉道が昭和一八年（一九四三）に神戸電鉄箕谷付近に牧場を開墾したのが、現在「都市型酪農」をすすめている弓削牧場である。

また、神戸の近郊である淡路島三原郡では、明治中頃（明治二一・一九三二年）から畜牛改良事業をはじめ、明治三三年（一九〇〇）には西日本で初めて（全国では四番目に）ホルスタインを導入するなど牛の酪農に力を入れていた。[5]

牛乳の需要が増えたことで、儲かっている同業者を嫉視して事業妨害したり、規定の比重の脂肪分がない不良の牛乳が多く出回り、警察が処分する（大正一二年（一九二三）一一月一一日の神戸又新日報）といった問題が表面化した。また、飲用牛乳が余るという問題も生じてきた。そうした課題に対して三原酪農は飲用牛乳余量処分目的として練乳製造を手掛けた。

大正一一年（一九二二）、ネスレ・アングロ・スイス煉乳会社として事業を行っていたネスレは、世界拠点の一つとしての日本支社を横浜から神戸の元居留地の中心に社屋を移転していた。当時、ネスレの製品はほぼ輸入であったが、昭和八年（一九三三）、淡路の三原郡に本拠を持つ藤井煉乳所と提携したことで、ネスレの乳製品原材料（特に洋菓子の原材料となる練乳など）は国内生産が可能となった。

開国間もない日本には関税自主権はなかった。神戸の港に入ってくる新しいものに、外国には負けないものづくり、高品質なものをつくるぞ、という気概をもった人たちが集まってきたのかもしれない。だからこそ、当時の外国人菓子職人たちは、満足のいくパンや菓子をつくることができ、それらを食べた人に、「本当においしい」と言わしめることができたのである。

四．そのころの神戸のパン・洋菓子店舗

そもそも外国人菓子職人たちが神戸で開業したときに、なぜ高品質な原材料を調達できたのだろうか。それは、すでに神戸には原材料にこだわるパン職人や菓子職人が存在し、原材料業者たちと刺激し合っていたからである。

明治の二〇年頃まで、神戸の街で日本人向けに販売されていたのは、洋菓子の原材料（小麦粉と卵、砂糖、はちみつ）を用いながら和菓子の手法でつくったせんべいなどの焼き菓子やパンから派生したビスケット（乾パン）であった。例えば、明治六年（一八七三）に開業した「亀井堂総本店」の「瓦せんべい」は明治二四年（一八九一）にロシア皇帝ニコライが神戸港に立ち寄った際、皇室からの手土産として用いられた。

明治二〇年を過ぎると、神戸の街にはドイツ人のヘルマンによる「セントラル・ベーカリー」（トア・ロードの下山手通二丁目）やフランス人ベーカリードンパル（神戸生田神社前）をはじめ、日本人のパン屋も現れる。明治二二年（一八八九）には西村松之助が三宮町三丁目で二か所に工場を持つ株式会社西村食糧品を創業している。余談となるが、今日「神戸屋」という大阪のベーカリーがある。創業者の桐山政太郎は、この西村製パンで神戸から大阪までパンを運ぶ仕事をしていた。神戸のパンをもっとおいしく味わってもらうために「できたて」のパンを提供したいという思いから、大正七年（一九一八）に大阪の福島に「神戸屋」を創業したといういきさつがある。

明治二五年（一八九二）には寒川鉄男が下山手通三丁目で酒種製法のパンを製造する合資会社の寒川パンを創業している。また、明治三八年（一九〇五）には、三菱重工業神戸造船所の開設に合わせて、藤井元治郎が兵庫区柳原のＪＲ兵庫駅近くの御旅筋商店街に「ドンク」の前身となる「藤井パン」を創業している。造船所の外国人技師に向けてパンの需要があるはずと確信し、長崎からパン職人を呼び寄せ、造船所内で販売をはじめたのであ

る。ユーハイムが神戸で開業した同年（大正十二年）には、湊川トンネル西口にケーキやドーナツをショーケースに並べ、さらに進物商品を扱った二号店も開店している。

洋菓子とパンについて少し説明を加えると、明治期から大正期にかけて、パン屋は製菓を兼業し、パンは菓子産業の一部として扱われていた。[6] 例えば、当時のビスケットは今でいう乾パンに似たものであったことからも説明がつく。

本格的な洋菓子をつくる日本人職人が神戸に現れたのは、明治三〇年（一八九七）といわれている。「神戸凮月堂」（元町三丁目）を創業した吉川市三である。彼は、洋行帰りで銀座米津凮月堂を開業した米津恒次郎のもとに住み込み、和洋両方の菓子の修業を積み、のれん分けで神戸の元町で開業した。和菓子は職人に任せ、自らはチョコレート、キャンディ、シュークリーム、ワッフルやマロングラッセなどフランス式の洋菓子づくりに専念した。その甲斐あって、昭和二年（一九二七）、「神戸凮月堂」を代表する商品、フランス菓子と和菓子の長所を生かした「ゴーフル」の発売にこぎつけたのである。

おわりに

いまから一〇〇年前の関東大震災前後、神戸の街には第二の新風が吹いていた。第一の新風は、外国の食文化をもたらしたことである。イギリスパン・フランスパンというパン文化、メインの洋菓子はフランス菓子であった。彼らに刺激を受けた日本人は、洋菓子を見よう見まねで挑戦し、和洋菓子を作り出した。そこに、自国の「食」に誇りをもち、高品質にこだわり続けたドイツ人やロシア人が新たな国の洋菓子・パン文化といった新風を吹き込んだ。彼らがもたらしたものは、それだけでない。加えて、本物の「おいしさのノウハウ」をもたらした。それは化学的（数字化を可能としたレシピ）かつ科学的（論理的で実証的）な「技」である。おかげで、一〇〇年を経た現在でも、神戸は「洋菓子の街」として知られている。

消費者側は「神戸のケーキは、どれも外れがない」といい、製造側は「神戸で売れれば他の地域でも売れる、神戸はテストマーケットとして良い街だ」と述べる。こうした意味では、大正時代にやってきた異国の洋菓子職人たちが「神戸の洋菓子」の礎を築いたといえるであろう。

しかし、忘れてはならないことは、彼らが神戸にやってきた時には、すでにその地には高品質な原材料を供給してくれる企業（店舗）が存在し、顧客として価値評価ができ、高価格であっても繰り返し購買できる経済力のある人たちが存在していたということである。そして、すでに腕を振るっていたパン・菓子職人たちがいたことである。つまり、「本物」を求める人が集まり、「本物」を育もうとする土壌が形づくられていたのである。

謝辞

掲載資料の提供にあたり、株式会社ユーハイム、株式会社増田製粉所にご協力を賜りました。心より御礼申し上げます。

【注】

1 「特集Ⅲ〈神戸の洋菓子メーカー〉MADE IN KOBE メイドインコウベの魅力を探る／座談会「手作りの良さと高品質」」『神戸っ子』一九八〇年四月号における座談会より。

2 鈴木商店主人である鈴木よねの尽力により設立する。

3　以下の文献を参考に作成した。
神戸市『新修神戸市史　行政編Ⅱ　くらしと行政』、二〇〇二年、一二四－一四四頁。

神戸市『新修神戸市史　歴史編Ⅳ　近代・現代』、一九九四年、三二－四〇頁、九九－一〇五頁、一二四－一五九頁。

兵庫県教育委員会『兵庫県教育史』、一九六三年、九五三－九七二頁。

4　市内元町二丁目いろは牛乳店宮本卯太郎及び同楠町四丁目いろは牛乳店宮本充治の両名が同業者五名を相手取り名誉回復ならびに四〇〇〇円の損害賠償請求訴訟を提起したという記事が掲載されている。理由はいろは牛乳が数年来非常に繁盛していることに対して、被告らが原告の隆盛を嫉視し、事業妨害したということである。

5　三原郡史編纂委員会編『三原郡史』、兵庫県三原郡三原町市三原郡町村会事務所、一九七九年。

6　菓子とパンの業態分離は、森永製菓や明治製菓が機械化によりビスケットを含む洋風乾菓子の大量生産に成功し、全国に販路をつくったことによるといわれている。

著者紹介

森元伸枝（もりもとのぶえ）。大手前大学経営学部准教授。神戸生まれ神戸育ち。修士（経営学）。「なぜ神戸のケーキはおいしいのだろう」をきっかけに、阪神間のスイーツや珈琲といった生活文化産業に焦点を当て、地域産業の長期継続的成長のしくみを探ることをライフワークとしている。

コラム

幼少の頃、「ユーハイム」で商品を包んでもらうのを待っていたとき、私が退屈そうに思えたのか、眼鏡をかけた外国人のおばあちゃま（ユーハイム夫人のエリーゼさん）が小さなプレゼント（キャンディ 1 個）を手渡してくれて、小躍りしたのを覚えている。また大学生の時、アルバイト募集をしていた「コスモポリタン」の面接では小柄な外国人女性に圧倒された。モロゾフ創業者 2 代目ヴァレンティン・フョードロヴィチ・モロゾフ夫人であるオリガさんである。私の接客態度が店にとっていかに重要かを説明しながら、時間をかけて仕事内容を細やかに教えてくれた。アルバイト気分で面接を受けていた私にとっては、今風に言えば「ドン引き」し、そんな責任は持てないとご遠慮させていただいた。若気の至りと言えばそれまでだが、とにかく、今では後悔してもしきれない。

彼女たちと関わったのはほんの一時である。しかし、「袖振り合うも多生の縁」を感じずにはいられない。彼女たちからは、お菓子への思いと家族の絆を教わった。彼女の夫は菓子をつくる「技」、すなわち「味」に徹していた。彼女たちは自分の夫のつくった菓子を虜にする魔法をかけること（また買いに来たいと思わせる接客）で支えていた。それは、「おいしさ」は味以外からも生まれるというお菓子の可能性を示してくれた。

第七章

阪神間の娯楽とレジャー、震災前夜

海老良平

はじめに

六甲山系の街々を縫うように流れる川がある。丹波篠山に水源を持ち、三田盆地から神戸、宝塚、西宮、伊丹、尼崎の各市を流れ、大阪湾に注ぎこむ武庫川である。この武庫川が流れる六甲山の麓、いわゆる阪神間と呼ばれる地域では明治後半から昭和初期にかけて、資本家や私鉄による宅地開発が進み、そこには大阪、神戸の両都市の影響を受けた独自の地域文化が蓄積していった。その文化こそ阪神間モダニズムとして広く知られるものであり、現代においても憧れの街としての阪神間に受け継がれるハイセンスな地域基盤となっている。

その武庫川流域に大正一三年（一九二四）、時を同じくして誕生したのが、宝塚大劇場と甲子園大運動場（甲子園球場）である。

宝塚大劇場は、大正三年（一九一四）に誕生した宝塚少女歌劇の本格的な劇場として、大正一二年（一九二三）一〇月に着工され、翌年七月一七日に完成した。完成した劇場の収容観客数は、当時としては異例の四〇〇〇人を誇り、竣工後の七月一九日からは、月組花組合同によるお伽歌劇「カチカチ山」をはじめとする五演目が上演された。

一方、甲子園大運動場は、兵庫県による武庫川の改修によって廃川となった申川及び枝川の整備事業の一環として計画され、大正一三年三月に着工、四ヶ月という短期間の工事を経て、同年の七月三一日に完成した。その規模は総収容人員八万人、観覧座席総数五万人を誇り、竣工後の八月一三日からは第一〇回全国中等学校優勝野球大会（現在の全国高等学校野球選手権大会）が開催され、午前九時に大阪朝日新聞社の社機から投下されたボールによって静岡中学対北海中学による開幕戦の幕が開けたのであった。

そのような阪神間に二つの娯楽の殿堂が誕生した前年の大正一二年、遠く離れた帝都で発生したのが関東大震災である。九月一日、正午二分前に発生した推定マグニチュード七・九の揺れは、南関東から東海地域にかけて死者一〇万五三八五人、全潰全焼流出家屋二九万三三八七軒という未曾有の被害をもたらし[2]、東京の政治経済や社会生活は勿論のこと、浅草の象徴であった凌雲閣の倒壊をはじめ、「帝劇、新富、市村、明治、本郷の各大劇場を始め浅草公園其他の小劇場は殆ど烏有に帰し、市内の各活動常設館及び寄席とも山の手を除く他はきれいさっぱりに灰になってしまった[3]」ほど、首都に暮らす市民の娯楽までも悉く失わせた。

片や近世からの娯楽のメッカを喪失し、片や現代にも受け継がれる娯楽のメッカの誕生を目前とする、首都と阪神間において、大正一二年とは対照的な様相を示した年とも言えるのであった。演劇やスポーツといった新たな娯楽やレジャーが大衆に普及していく時代にあって、大劇場や大野球場を誕生させるに至った阪神間はいかなる道を辿りながらその時を迎えたのか。震災前の阪神間の娯楽やレジャーのあらましを見ていくことが本章の主たるテーマである。

一．郊外レジャーと海水浴場

歴史的に見れば、都市郊外での娯楽やレジャーの発展を語る上で欠かせないのは、工業社会の到来によって都市とその周辺部の区分が明確になったこと、サラリーマンとして働く人々が手にした余暇という時間、そして産業革命による技術革新の象徴としての鉄道の発達である。一九世紀のイギリスでは、都市から郊外に伸びる鉄道網の発達が顕著となり、休暇は家族で鉄道に乗って郊外で遊ぶ（時には旅行する）、といった新たなレジャーが芽吹いた。中でもそのような郊外での余暇のはしりとも言えるのが海水浴であった。一八四一年に開業したロンドンと南部の沿岸都市ブライトンを結ぶ鉄道は、海水浴という日帰りのレクリエーションを大衆化したとともに、海浜リゾートという新たな時代の余暇のモデルを生み出したことでも知られている。[4]

図１　香櫨園海水浴場の音楽堂
（写真提供：阪神電気鉄道株式会社）

明治後期の大阪においても、綿産業の急速な発展によって都市化が進む中で、日露戦争前後から開業が相次いだ私鉄が中心となって、大阪湾沿岸に海水浴場が誕生していく。明治三八年（一九〇五）には、阪神電気鉄道が芦屋の打出に海水浴場を開業し、その二年後には西宮の香櫨園に海水浴場を開いている。打出も香櫨園も海水浴だけでなく、夜間花火や観月会の催しなどによって、海辺を求める行楽客の積極的な誘致を図るものであった。また明治三九年（一九〇六）には、南海電気鉄道が堺の濱寺に海水浴場を開業、続く大正二年（一九一三）にも、濱寺近隣の大浜に海水を沸かした大浴場などの潮湯施設に加えて、周辺に劇場を建設するなど、海水浴だけに留まらない海洋リゾート開発を進めた。

ところで、この海水浴場の発展には私鉄だけでなく、第一次世界大戦後に新聞王国と言われるまでに飛躍を遂げていた大阪の新聞社の関与が欠かせなかった。新聞社にとって海水浴場への参画は、社会福祉の推進をねらいとする文化的事業としての側面もあり、打出や濱寺に関わった大阪毎日新聞は郊外での海水浴について「都市に欠くべからざる社会的施設として認められ、現代文化の所産たる都市の密集群の保健ならびに享楽のために貢献しつつある」[5]として捉えていた。当時の新聞社にとっての社会福祉活動は社業の重要な柱として位置付けられるものでもあり、その方針が当時のスポーツや文化芸術振興の礎となって、宝塚歌劇が都市部で認知されていくきっかけとなった慈善歌劇会や甲子園での高校野球大会の開催に繋がっていったとも言えよう。

二．六甲山麓の二つの遊園地

海水浴場と並び、大正時代に郊外での娯楽やレジャーの中心となっていくのが遊園地である。日本の遊園地のはじまりは嘉永六年（一八五三）に開業した浅草花やしきと言われるが、明治時代の終わりに誕生する遊園地には観覧車など、新たに機械式の遊具が導入されていく。そのような機械式の遊具が登場したのが一九世紀後半から世界各地で開催された万国博覧会であり、一八九三年にアメリカで開催されたシカゴ万博では、新しいエネルギーとして注目され始めた電気を活用した出品物が数多く展示され、会場内に登場したのが世界初となる巨大観覧車であった。一九〇三年にニューヨークに開業したコニーアイランド・ルナパークは機械遊具を取り入れた近代的な遊園地の先駆けとしても知られる。

大阪では明治四五年（一九一二）、コニーアイランドを模範とした新世界ルナパークが開園し、その後、私鉄による大阪近郊での遊園地の開設が相次いだ。明治四三年（一九一〇）には、箕面有馬電気軌道（後、箕面電軌と略す。現在の阪急電鉄）が箕面に動物園を開業、園内では動物の展示だけでなく、観覧車や舞台も設置、また園内でこども向けの博覧会を開催するなど、動物園と名が付くもののそれはまさに遊園地そのものであった。また明治四三年には京阪電気鉄道が香里園で遊園地を開業、その後は枚方に移し、菊人形が名物の遊園地として親しまれ、今では数少ない私鉄系の遊園地として一〇〇年の歴史を繋いでいる。

全国的にも郊外遊園地開発の先進地でもあった当時の大阪近郊にあって、とりわけ、明治時代末から大正時代にかけての阪神間には大規模な遊園地が登場していった。今ではその姿をとどめないが、当時の阪神間を物語ってくれる二つの遊園地が、香櫨園遊園地と甲陽遊園である。

・香櫨園遊園地

明治四〇年（一九〇七）に夙川沿いに誕生したのが香櫨園遊園地である。元々、この地区は夙川沿いの松林と草地が大部分を占めていた丘陵地帯であったが、大阪の実業家である香野蔵治と櫨山慶次郎によって周辺の土地約一〇万坪が買収され、彼らによって開発された地区一帯は二人の姓の一文字ずつをとって香櫨園と名付けられた。その一人の香野は兵庫県加西郡北条町の生まれで、大阪の砂糖商であった香野商店の番頭として同店の発展に尽力した後、東洋精糖会社取締役や大阪砂糖取引所監査役まで務めた大阪の製糖界の中心人物として知られる。[6]もう一人の櫨山については、『西宮市史』と『大社村誌』で人物表記が分かれており、前者では櫨山慶次郎と表記されているが、後者では櫨山喜一と記され、当時の『日本紳士録』では慶次郎は大阪株式取引所の仲買人、喜一は仲立業であったという。[7]

図２　香櫨園遊園地のウォーターシュート
（写真提供：神戸新聞総合出版センター）

さて、その園内には温泉、旅館、料理店、茶亭が立ち並ぶとともに、[8]博物館や動物舎、音楽堂、運動場といった近代的なレジャー施設群も余すことなく取り入れた先進的な遊園地であったことが窺える。[9]現在は夙川公園の一部となっている片鉾池には、第五回内国勧業博覧会で紹介されたばかりのウォーターシュートも設置されており、また遊園地西側に建設された二万坪の運動場では、明治四三年に早稲田大学対シカゴ大学の野球三試合が開催された歴史も残っている。

しかしながら遊園地としての歴史は短く、大正時代に入るや否や、地区の大部分が外国人貿易商サミエル商会の手に渡ったことで大正二年（一九一三）九月に閉園に至り、地区は住宅地としての開発が進んでいく。遊園地が閉鎖された後は、園内の博物館や音楽堂が香櫨園海水浴場に移転、また飼育されていた動物は箕面動物園などに引き取られ、今やその面影すら残っていない。しかし博物館や音楽堂、運動場といった文化的要素を備えたその姿は、その後に誕生する遊園地のモデルと言えるものでもあった。

・甲陽遊園

大正七年（一九一八）に甲陽園地区に誕生したのが甲陽遊園である。この甲陽園は六甲山系の甲山の南麓一帯の約一〇〇万坪の範囲を指す地区で、地元の共有地であったところに、大正初期に西宮町の勝部重右衛門が周辺の土地を購入したことをきっかけに、その後、本庄京三郎が社長を務める甲陽土地開発株式会社（後、甲陽土地と略す。発足時の名称は甲陽土地組合）によって本格的な土地開発が行われた[10]。当時、大阪とその近郊では民間による土地開発会社の設立ブームが起きており[11]、阪神間だけでも大正七年に三一社、大正八年に五四社が誕生、そのうち甲陽園のある西宮では大神中央土地株式会社（大正八年）、夙川土地株式会社（大正九年）、ラヂユム土地株式会社（大正九年）、阪神鉱泉土地株式会社（大正九年）、西宮中央土地株式会社（大正一〇年）、武庫川土地建物株式会社（大正一一年）と毎年のように土地開発会社が設立されるほどであった[12]。

図３　甲陽園の甲陽土地事務所
（写真提供：西宮市）

開発者の本庄は岡山県に生まれ、中央大学卒業後にアメリカに留学し、帰国後の大正九年（一九二〇）に大阪で大正信託株式会社を設立した実業家で、彼は大阪玉出近辺に所有していた広大な土地を処分し、甲陽園地区の土地を購入、開発を始めたという[13]。

さて、その園内は「世界的大設備理想の楽園[14]」と謳われるほどで、地元住民が所有する写真等をまとめた『甲陽園今昔写真集』（二〇一六年発行）掲載の回想図からは、温泉、旅館、甲陽倶楽部、小動物園、音楽堂、劇場、大すべり台、サークリングや遊動円木といった遊具施設群が見てとれる。

そして何より甲陽遊園の特徴であったのが、甲陽キネマという名の映画撮影所があったことである。当時の日本映画界は、東京では松竹キネマの蒲田映画や日活の向島撮影所、また関西では大正一二年四月に芦屋に現代劇撮影所を開設し、震災後に蒲田映画の脚本部の伊藤大輔や向島撮影所の若山治監督を招いていた帝国キネマが有力な撮影所であった。[15]

そのような中で、震災後の一二月に八千代生命保険会社社長の小原達明らによって設立されたのが東亜キネマである。東亜キネマは甲陽遊園の映画撮影所を買収し、京都の等持院撮影所とともに有力な映画撮影所となり、翌年には牧野省三率いるマキノキネマと合併、震災後は甲陽園の撮影所には東京からの映画関係者が多く集ったという。[16]

さらに大正一三年には阪神急行電鉄（現在の阪急電鉄）の甲陽線が開通したこともあり、甲陽遊園はその最盛期を迎えることとなるが、昭和初期に入ると近隣の宝塚や甲子園などの遊園地の発展、また昭和恐慌の中で撮影所も昭和二年（一九二七）には閉鎖されるなど、[17] 遊園地としての甲陽園は、第二次世界大戦前にはわずかな旅館を残すのみになった。[18]

図4　雑誌『甲陽』掲載の甲陽土地株式会社の広告
（資料提供：西宮市）

三．歌劇の街の始まり

さて、明治時代末から大正時代にかけて発展し、そして今なお大劇場や音楽学校を擁する阪神間を代表する娯楽とレジャーの街が宝塚である。元々、宝塚という場所は六甲山の東面の麓、武庫郡良元村の伊子志《いそし》と呼ばれた小さな村落であったが、明治中期に温泉が開発されたことで行楽地としての礎が築かれることとなった。その発端となったのが、明治二〇年（一八八七）に武庫川右岸の小浜村に開かれた宝塚温泉で、明治三〇年（一八九七）に阪鶴鉄道が開業したことが転機となり、大阪からの入浴客が増加、旅館や料理屋が立ち並ぶ温泉街としての発展を見せていく。[19]

図５　宝塚新温泉パラダイス
（筆者所蔵）

　そのような温泉行楽地としての地盤が築かれつつあった宝塚で、家族向けのレジャー開発の可能性を見出したのが箕面電軌の創立者の小林一三である。小林は大阪池田をはじめとする分譲住宅地開発などで沿線開発の元祖とも言われた人物であるが、明治四三年（一九一〇）に梅田・宝塚間の路線、箕面電軌（現在の阪急宝塚線）を開業した直後から、沿線での娯楽開発も積極的に進め、箕面動物園に続き、明治四四年（一九一一）に宝塚温泉から武庫川を挟んだ対岸を埋立て、大理石造りの大浴場や家族温泉を備えた宝塚新温泉を開業した。その豪華な娯楽施設を有する温泉への入浴客は一日に一二〇〇人を数えるまでとなり、新温泉開業翌年には大浴場に隣接する形で二階建ての洋風建築「パラダイス」を設置、館内には室内プールや児童遊具施設も備えて、温泉での娯楽の大衆化を図った。

その新温泉パラダイスで誕生したのが、一六人の少女で結成された宝塚唱歌隊による歌劇、言わずと知れた宝塚少女歌劇であり、大正三年に第一回公演「ドンブラコ」が上演された。上演当初は、第一次世界大戦後の不況期の影響もあり、観客数は予定の半分にも満たなかったというが、この苦難の少女歌劇を支えたのが、歌劇初演のきっかけとなった婚礼博覧会を主催していた大阪毎日新聞社であった。大阪毎日新聞社は少女歌劇という新興芸術の社会への普及、そして罹災者救護を趣旨として設立された大毎慈善団の募金募集のために慈善歌劇会を企画し、大正三年の大阪北浜の帝国座での開催を皮切りに、浪花座や神戸の聚楽館、大正七年からは当時大阪一と言われた大阪中央公会堂でも開催し、その開催収益金は大正一二年までに約四万四七〇〇円にも上った。[20]

このようにして大阪や神戸で認知されつつあった大正七年、少女歌劇は演劇雑誌『新演芸』や女性雑誌『新家庭』を出版していた玄文社の仲介によって、東京での公演を実現する。高峰妙子や雲井浪子をはじめとする三二人の一行による帝国劇場五日間の公演は、座席券は全て売り切れ、劇作家で演出家の小山内薫にも「日本歌劇の曙光」と賞賛されるなど大成功に終わったという。[21]

翌年の大正八年（一九一九）には箕面の公会堂を宝塚に移転して新築歌劇場を開場、従来のパラダイス劇場との二つの劇場で二部制を導入するなど、大正時代の中期にかけて、宝塚少女歌劇は着実に飛躍を遂げていくのである。そのような中で、宝塚が迎えた大正一二年とはどのような年であったのだろうか。

四．震災の年の宝塚

実は宝塚にとっても大正一二年とは災禍に見舞われた年でもあった。この年の正月公演終了直後の一月二二日、公会堂劇場からの出火がパラダイス劇場、音楽学校校舎にまで延び、宝塚新温泉が全焼する火事が発生したのである。結果的にはこの火災が大劇場の着工を決定づけるものとなったが、すでに大正一〇年（一九二一）には宝塚歌劇団理事長の吉岡重三郎をアメリカの劇場視察に派遣するなどして、大劇場建設の構想を練っていた中での火災であった。

この火災によって宝塚の全ての舞台を失った少女歌劇は、例年にも増して各地で公演を行うこととなった。二月には初の中国地方での公演として大阪毎日新聞社主催による呉、広島、岡山での慈善歌劇会に出演し、三月の仮設劇場の復旧後も従来の大阪中央公会堂での公演に加え、和歌山の辨天座などでも公演を行っている。そのような慈善歌劇会への出演を行っていた年に発生した震災において、宝塚では震災発生直後の九月二日から三日間、関東大震災義捐歌劇会と音楽研究会を開催し、この時の収入金一二〇五円四〇銭を第一回宝塚音楽歌劇学校義援金として、食料品や衣類などの慰問袋とともに大阪毎日新聞社に寄付している。また一一月には名古屋の櫻楓会主催の震災慈善歌劇会にも出演し、同様に震災支援を行っている。[22]

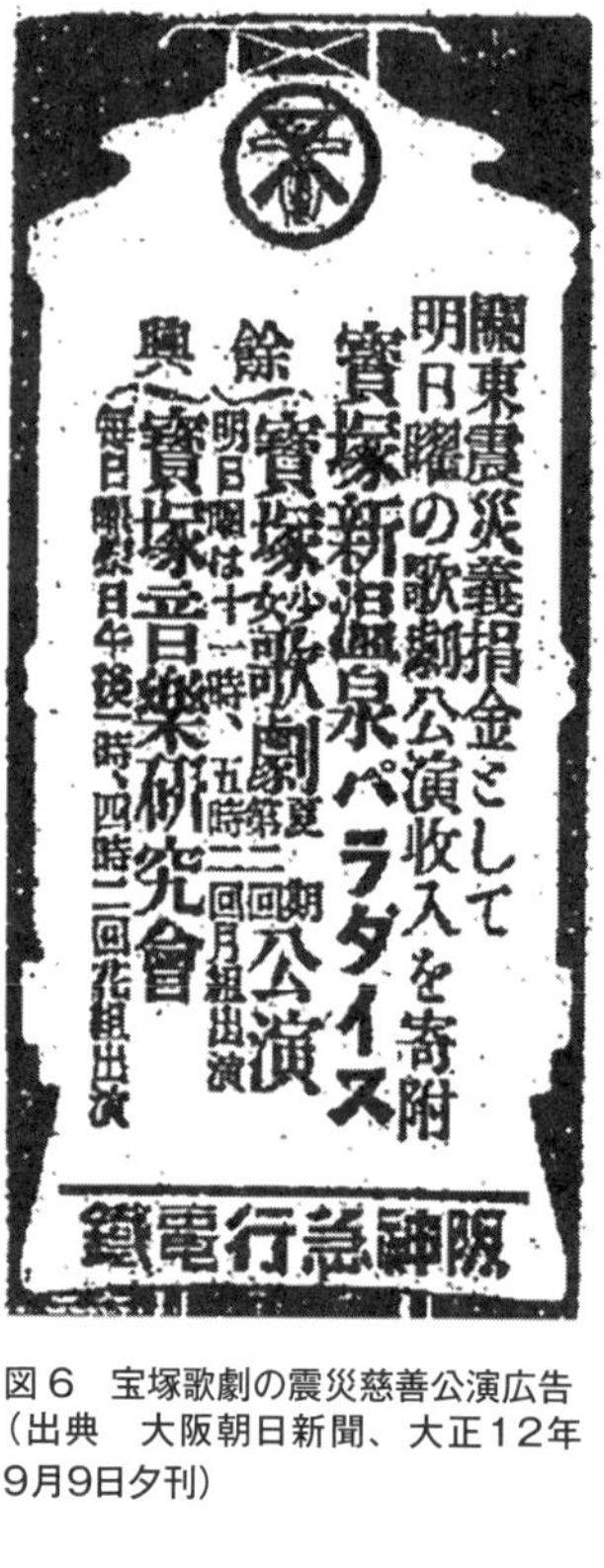

図６　宝塚歌劇の震災慈善公演広告（出典　大阪朝日新聞、大正12年9月9日夕刊）

一方、震災直後には浅草の市村座の看板であった尾上菊五郎一座の公演を受け入れることを決定し、翌年二月から年四回の歌舞伎公演を宝塚の劇場で行うこととなった。[23] かねてより歌舞伎界の興行の改革の必要性を示していた小林は、このとき市村座への宝塚での劇場公演の第一の条件として、観覧料の低減を求めている。観劇を安価にすることこそ、演劇界改革の核心と考えていた小林にとって、震災によって尾上菊五郎の興行を受け入れることはまさに絶好の機会でもあった。小林は震災直後にこのように述べている。

図７　宝塚新温泉での尾上菊五郎一座公演広告
（出典　大阪毎日新聞、大正12年2月21日朝刊）

「東京の大震火災は前代未聞の惨状を極めて『今日は帝劇、明日は三越』の時代風潮に一大ショックを与えた。五十有餘年間に建設した新日本の文化的創作物は、これを機会としていろいろに変化するだろう。特に劇界の革命は、帝国劇場、新富座、本郷座、明治座、市村座、並に新築中の歌舞伎座の罹災によって、急転直下的に襲来するであろう（中略）私は、東京が焼けたが為めに理想的の建設が計画され、実行すべき機会を執り得る如く、劇界もまた各劇場が消失した為めに、理想的計画が樹立され、茲に初めて国民の芝居、民衆本位の劇場が建設せられ、従って其劇の内容も変化し一大革命が襲来するものと信ずるのである」[24]

この「国民の芝居」、「民衆本位の劇場」として開業したのが宝塚大劇場であると言えよう。震災の翌年の七月一七日に完成した大劇場の設計主旨について、『宝塚少女歌劇二十年史』ではこのように記されている。

「去年の関東震災を一転機として諸々の方面に其運動が試みられてはいるが、所謂芝居国には脱しきれない因襲、破りきれない吉例などがあって、忘れ去り難い過去への執着のために有耶無耶になって旧態依然たる時が来はしないかと憂へられる、国民劇への創作と興行法の革新とを実行しようと蹶起した以上、その道場たり聖堂たる劇場の建設は是非共必要である」[25]

一方、大正一二年の東京公演直後に発生した震災によって、東京での初演から舞台としていた帝国劇場を少女歌劇は失うこととなる。翌年の東京公演は中止となり、大正一四年（一九二五）からは舞台を市村座に移し、これまでの短期公演から二五日間の長期公演を実現することとなり、さらに大正一五年（一九二六）には邦楽座、昭和三年（一九二八）には歌舞伎座、昭和六年（一九三一）には新橋演舞場へと場所を移しながら、昭和九年（一九三四）、ついに東京での常設劇場となる東京宝塚劇場を開業する。

まさに震災の年を挟みながら、大正時代の末から昭和初期にかけて、温泉街宝塚で始まった少女の歌劇は本拠地宝塚において、そして東京進出が本格化するのであった。

おわりに

本章では明治時代の終わりから大正時代にかけての阪神間をめぐる娯楽とレジャーを主に見てきたが、その意図するところは、震災を迎える時には、すでに成熟しつつあった阪神間モダニズムの一端を少しでも顕にしたかったことにある。阪神間を挟むようにしてこの時代に発展著しかった大阪と神戸の経済社会を背景に、先駆的な郊外開発があったからこそ、震災によって東京での活動の場を失った演劇や映画の関係者など、多くの文化人を迎えることができる素地ができていたとも考えられるだろう。

そのような震災によって阪神間に移住した文化人の一人に挙げられるのが、昭和を代表する文豪、谷崎潤一郎である。谷崎は、箱根の小涌谷ホテルで被災したが、直後にその時の恐怖を「眩しくない血の色のような太陽は天変地異という感じを起こさせた」[26]と語っている。一二月に関西に逃れた谷崎はその後、芦屋や神戸の住吉など転々としながらも、昭和一九年（一九四四）まで長きにわたって、阪神間で居を定めたのであった。その間の妻の松子とその四姉妹との生活を描いた作品が、昭和一八年（一九四三）に『中央公論』で連載が始まった『細雪』である。松子と暮らした邸宅は、今も「倚松庵」という名で六甲山麓を流れる住吉川のほとりに立っており、庵内には彼の著書や参考文献等を集めた「谷崎文庫」も併設されるなど、一般市民に広く公開されている。また、昭和六三年（一九八八）には芦屋市に谷崎潤一郎記念館も開館し、こちらも地元住民に親しまれている。

ところでこの『細雪』は戦後に三度、映画化もされている。中でも昭和五八年（一九八三）に公開された三作目は市川崑監督、吉永小百合出演、さらには谷崎の妻の松子自身による考証も加わるなど、昭和の名画として人々の記憶に残る作品となっているが、同作は制作にあたった東宝株式会社の創立五〇周年の記念作品でもあった。

この東宝こそが『細雪』公開から遡ること五〇年前、震災によって帝国劇場を失い、その後の九年間で東京に基盤を整えながら開場した東京宝塚劇場を基盤としていることは言うまでもないだろう。

謝辞

掲載資料の提供にあたっては、阪神電気鉄道株式会社、神戸新聞総合出版センター、西宮市にご協力を賜りました。深く御礼を申しあげます。

【注】

1 「本郡は、阪神両市に接近し、常に人情・風俗・気質等の自ら両市の影響を受くること多し。神戸は新しき都市なれば、その影響最近のことに属すれども、大阪は古き都会なれば、古来その影響浸潤し、本郡住民の一般気風は、頗る大阪人のそれに似通える点少なからず」（武庫郡教育会編『武庫郡誌』、武庫郡教育会、一九二一年、九九頁）

2 内閣府「災害教訓の継承に関する専門調査会報告書　一九二三関東大震災」、二〇〇六年。

3 東京朝日新聞（大正一二年九月一四日朝刊）。

4 森正人『英国風景の変貌　恐怖の森から美の風景へ』、里文出版、二〇一二年。

5 大阪毎日新聞社編『大阪毎日新聞五十年』、大阪毎日新聞社、一九三二年、一八七頁。

6 田住豊四郎『現代兵庫県人物史』、県友社、一九一一年、一〇五―一〇六頁。

7 武藤誠、有坂隆道編『西宮市史第三巻』、西宮市、一九六七年、二六〇頁、大社村誌編纂委員会編『大社村誌』、大社村誌編纂委員会、一九三六年、一六三頁、明治四一年発行『日本紳士録』、交詢社。

8 大久保透『最近の大阪市及其附近』、一九一一年、四九四—四九五頁。大社村ノ内森具村香櫨園に所在を置く料理業として南卯支店、万樓、香櫨庵（兼旅館）、香風軒、小寶軒、恵比寿ホテル（兼旅館）、戎曙（席貸業）、松月（席貸業）の店名が見られる（遠山純三編『阪神銘鑑』、阪神銘鑑発行所、明治四三年、一五九頁）。

9 阪神電気鉄道株式会社臨時社史編纂室編『輸送奉仕の五十年』、阪神電気鉄道、一九五五年、七三頁。

10 前掲、武藤誠、有坂隆道編『西宮市史第三巻』。

11 「大小の土地会社が至るところに創設された。地価は暴騰して、大阪株式取引所の隣接地が一坪六千円、今橋二丁目の所で三千円（共に大正八年）で盛んに売買ができた。各郊外電鉄はいずれも沿線に経営地を持ち、住宅または工場を盛んに歓迎した。・・（中略）そして休戦条約に次いで反動は近づいて来たが、調子に乗った人々はこれを悟らず、遂に大正九年に至り大恐慌が起って、成金の夢が一朝にして覚めたのである。ちなみに明治三三、四年ごろ調査した全国五十万以上の長者の数は僅か四百四十一名に過ぎなかったが、大正五年には東京だけで五百九十五名、大阪は約五百名、全国で二千二百一名であった。そして五十万円程度の資産家は、成金時代の大正五年、六年、七年ごろは資産家扱いされなかったほどであった」（前掲、大阪毎日新聞社編『大阪毎日新聞五十年』、二六五頁）

12 武知京三「大正期阪神地方の土地・信託会社―『日本全国諸会社役員録』を素材として―」『近畿大学短大論集』、近畿大学短期大学部、一九七五年、五九―一六六頁。

13 学園史（創設史実編）編集委員会『学園史　創設史実編』、学校法人大阪工業大学、一九八三年。

14 大阪朝日新聞神戸附録（大正一〇年二月五日）の広告より。

15 筈見恒夫『映画五十年史新版』、一九四七年、鱒書房。

16 「大正二二年九月、関東大震災発生、撮影所を失ったカツドウヤたちが関西にその場を求めてやってきたので、渡りに舟とばかりに甲陽キネマは、マキノ映画が合併され東亜キネマに発展した。文芸部長に当時の売れっ子作家佐藤紅緑を迎え意欲満々、山本嘉次郎は永い監督生活の第一歩をここで印し、エノケンもまた映画生活のスタートを切った思い出の撮影所である」（南野武衛『西宮メモ』、西宮夙川ロータリークラブ五周年記念事業委員会、一九九一年、六八頁）

17 南野武衛「ふるきよき時代の甲陽園」『西宮文化』、西宮文化協会、一九六八年、一一—一二頁。

18 前掲、武藤誠、有坂隆道編『西宮市史第三巻』、二七二頁。

19 上記の『阪神銘鑑』に掲載されている良元村に所在を置く旅館（兼料理業）として寶塚ホテル、寶山、分銅屋、榮山、喜山、泉山、清涼庵の店名が見られる（前掲、遠山編、一五八—一五九頁）。

20 前掲、大阪毎日新聞社編『大阪毎日新聞五十年』、四一〇頁。

21 新海哲之助『宝塚少女歌劇二十年史』、宝塚少女歌劇団、一九三三年、二二頁。

22 前掲、新海哲之助『宝塚少女歌劇二十年史』、一一七頁、大阪朝日新聞掲載の広告（大正一二年九月九日朝刊）、「関東地方の震災と宝塚音楽歌劇学校」『歌劇』第四十三号、歌劇発行所、一九二三年、三五頁などより。

23 「確か九月十二三日頃であったと記憶する。市村座の田村専務と岡村柿紅の両氏が芝浦から清水港まで軍艦で逃れ、それから汽車に乗って来阪せらるると同時に私の許に訪ねて来られた。そして菊五郎一座を宝塚の歌劇場にて開演したき旨を申し込まれた」（小林一三「宝塚と菊五郎の話」『歌劇』第四十四号、歌劇発行所、一九二三年、二頁）

24 小林一三「劇界の革命来らんとす」『歌劇』第四十三号、歌劇発行所、一九二三年、二頁。

25 前掲、新海哲之助『宝塚少女歌劇二十年史』、一四〇頁。

26 大阪朝日新聞（大正一二年九月六日朝刊）掲載の手記より。

著者紹介

海老良平（えびりょうへい）。経済学博士。大手前大学現代社会学部准教授。専門は観光学、地域研究。北摂に育ち、青山学院大学を卒業後、食品関係の業界新聞に勤務する。その後、神戸学院大学院経済学研究科に進学。博士課程修了後は大学で主に地域学、観光学を教える。現在の研究テーマは近代以降の娯楽機関の開発とそれをめぐる開発資本、社会背景に関する研究。2020 年より現職。神戸外国人居留地研究会理事。

コラム

筆者が研究者の道に進んだきっかけは「デフレ経済の時代でもなぜ京つけものは高くても売れるのか?」という素朴な疑問からでした。そこから経済学における消費の構造をテーマに研究しました。今は大学で主に観光学を教えていますが、観光も人々の消費活動であることに変わりはありません。京つけものにしても、世界的な観光都市京都にしても、人々がその消費に高い価値を見出すのは、長い時間の中で積み重ねられてきた京都独自の歴史や文化といった地域の基盤があるからでしょう。

本書のテーマである阪神間でも同じように、他の地域には見られない人々の営みが積み重なってきたからこそ、多くの人々が憧れる街、住みたい街になったとも言えるでしょう。現代の観光では、アニメや映画の舞台、ロケ地を訪れる聖地巡礼といった現象が注目されますが、世代を超えたファンを持つ宝塚歌劇、日本の夏の風物詩である甲子園、阪神間には多くの人々が 100 年憧れてきた聖地の歴史の積み重ねがあるのです。

あとがき

海老　良平

関東大震災から一〇〇年、日本では今後数十年の間に予想されている南海トラフによる未曽有の被害が懸念されている。その一方で、各地では毎年のように想定外の豪雨災害によって多くの被災者を生み出している。

この本で取り上げた阪神間もまた、これまで多くの水害と闘ってきた歴史があるが、中でも代表的なものとして知られるのが、昭和一三年（一九三八）の阪神大水害である。七月三日から五日にかけて降り続いた雨は、三日間で総雨量四六一・八ミリに達し、神戸から芦屋にかけての河川は六甲山系からの土石流によって氾濫し、市街地の建物の流出、倒壊などにより、被害家屋数は一一万九八八五戸、死者・行方不明者は六九五名にも及んだ。その豪雨の様子は手塚治虫の作品『アドルフに告ぐ』の中でも描かれているが、発生当時はまだ一〇歳、宝塚で暮らしていた手塚少年の記憶にもその恐ろしいほどの雨が深く残っていたのであろうか。

災害の記憶とは経験した住民には深く残っていくものではあるが、世代が変わるにつれ薄れていくこともまた事実である。その記憶を継承していくことを目的に、国土地理院では令和元年（二〇一九）より自然災害伝承碑の情報の掲載を開始した。自然災害伝承碑とは、過去に発生した津波や洪水、火山災害、土砂災害などの自然災害の様子や被害の状況が記載されている石碑やモニュメントのことで、公開されている数は全国五六六市区町村の一九七八基に上る。国土地理院では地図上に伝承碑を記載することによって、地域住民の防災の意識の向上に役立つものと期待している。

先人が伝えた伝承碑として見るならば、それは災害の教訓だけではなく、その場所でどのような人々が暮らし、生きていたのか、そこに想いを馳せることもできるのかもしれない。この本は、関東大震災によって日本が混乱する時代の中にあっても、懸命に地域を紡いできた人々の営みを浮かび上がらせる試みであった。そこには困難を超克する人々の意志、そして現代の我々が憧れさえも覚える力強さがあった。

一方で、急速に街の風景や人々の生活様式が変化する現代にあって、とかく見過ごされがちになる伝承碑のように、人々の営為の歴史もまた、埋もれがちになってしまいかねない。あらゆる地域のそこかしこにはその時代に生きた人々の暮らしの跡が必ず落ちている。次の世代が幸せに暮らせる社会を作り上げていくために、今を生きる我々がそれを拾い上げて読み解く努力をしても悪くはないのかもしれない。

本書は、大手前大学学長特別教育研究費の出版助成金による支援を受けて
制作されたものである。

1923《いちきゅうにいさん》
～関東大震災《かんとうだいしんさい》と阪神間《はんしんかん》～

2023年12月15日　初版第1刷発行

編著者　海老良平・坂倉孝雄・森元伸枝　（大手前大学）
発行者　金元 昌弘
発　売　神戸新聞総合出版センター
〒650-0044　神戸市中央区東川崎町1-5-7
電話 078-362-7143　FAX 078-361-7552
URL https://kobe-yomitai.jp/

ISBN978-4-343-01210-4 C0036